KB078774

망해도 본전 뽑는
소자본창업

망해도 본전 뽑는
소자본창업

누구나 돈 버는 창업을 이야기할 때 돈 잃지 않는 창업을 외치다

박형진 지음

좋은땅

여러분들은 창업을 고민해 본 적 많이 있을 겁니다. 지금 당장 준비하시는 분, 앞으로 노후를 위해 생각하시는 분, 직장생활과 병행하면서 하려는 분, 창업은 어쩌면 평생 한번은 고민해 봐야 할 일입니다. 어떤 업종, 얼마의 자본금, 어디 위치를 생각하기 전에 걱정하는 것이 있습니다.

'과연 잘될까? 망하지 않을까?'

언론을 통해 알려진 대로, 자영업의 5년 내 폐업률은 약 80%선에 육박합니다. 그러나 사실 모두가 장사가 되지 않아서 폐업을 하는 건 아닙니다. 위치를 옮긴다든가 너무 잘되어서 다른 분에게 넘긴다든가 간이과세자가 일반과세자로 전환되는 등의 이유도 있습니다. 그래도 꽤 많은 비율은 장사가 잘되지 않아서 폐업이 이르게 됩니다.

여러분들은 이런 통계와 더불어 장사가 잘 안 돼서 폐업했을 때 손해보는 비용이 적지 않기 때문에 창업의 두려움을 느끼는 걸지도 모릅니다. 창업의 비용을 줄이고 망했을 때 회수할 수 있는 비용을 높인다면 창업의 대한 부담이 줄지 않을까요? 망해도 본전 뽑는다면 창업의 경험을 쌓고 더 나아가 창업의 노하우를 익혀 다시 창업에 도전할 수 있다면 도전해 볼 만한 일입니다.

CONTENTS

1

소자본창업은
도대체 얼마를 써야 하나?

소자본창업이라 하면 어느 정도 자본을 써야 한다고 생각하시나요? 금액이 딱 정해져 있지는 않습니다. 온라인마켓 등을 생각하시는 분들은 몇 백만 원으로 혹은 더 적은 자본으로 가능할 수도 있습니다. 그러나 저는 오프라인 매장을 준비하는 기준으로 이야기하겠습니다.

　다양한 분들이 생각의 차이는 있겠지만 제가 생각하는 소자본창업은 5000만 원 미만이라고 생각합니다. 보증금+권리금+인테리어 모두 포함입니다. 그렇다면 창업의 가장 중요한 이야기인 창업자금에 대해서 이야기해 보겠습니다.

소자본 창업비용 계산하기

5000만 원 미만으로 창업을 하기 위해서 각 파트별로 얼마의 비용을 지출해야 하는지 알아봅시다. 음식점을 기준으로 창업비용을 계산해 보겠습니다.

서울 서대문구 대학가 골목상권 1층 9평 보증금 1000만 원, 월세 90만 원, 권리금 1500만 원. 권리금 내역(바닥권리금+시설권리금). 그럼 보증금 1000만 원과 권리금 1500만 원으로 2500만 원이 기본으로 들어갑니다.

이 장소에 프랜차이즈 가맹을 한다면 최소 4000만 원 이상은 추가로 들어갑니다. 인테리어, 가맹비, 교육비 등 10평 기준 합계가 약 6500만 원입니다. 이미 예산초과네요. 예외로 권리금이 없는 무권리 점포에 보증금 1000만 원+프랜차이즈 창업비용(4000만 원 10평 기준, 인테리어, 집기 포함) 합 5000만 원. 그러나 4000만 원에 가능한 프랜차이즈 창업은 거의 없다고 봐야겠습니다.

개인브랜드 외식창업을 한다면 가능합니다. 인테리어+익스테리어(간판, 외장재) 1200만 원, 내부 시설집기 500만 원. 오픈하고 3개월 정도 월세와 여비비 400만 원. 정말 간당간당하게 소자본 창업에 속하게 되었네요. 어찌 되었든 창업이 성공하든 실패하든 4600만 원으로 소자본 창업을 시작할 수 있겠네요. 실제로 살펴본 창업비용은 대학가 상권에서도 유동인구가 그리 많지 않은 골목상가이며 개인 외식업창업 기준으로 계산해 보았습니다. 그만큼 소자본창업을 하기 위해서 비용에 대한 면밀한 계획과 준비 없이는 적은 비용으로 창업한다는 게 쉽지 않습니다.

창업예산 비교(서울 서대문구 대학가 골목상권 10평 기준)

품목	개인브랜드창업	프랜차이즈창업
보증금	1000만 원	1000만 원
권리금	1500만 원	1500만 원
인테리어(간판 및 외장 포함)	1200-2000만 원	4000-8000만 원
시설집기	500만 원	
3개월 임대료 및 여비비	400만 원	400만 원
합계	4600-5400만 원	6900-10900만 원

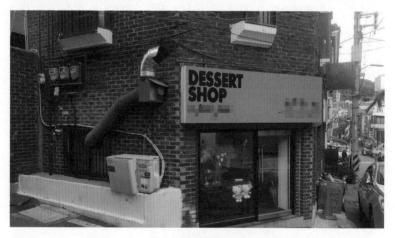

대학가 골목 개인 매장

대학가 프랜차이즈 매장

장사하다 망하면 얼마나 남을까?

———

소자본창업을 4600만 원으로 시작을 준비한다면 망했을 때 얼마를 건질 수 있을까도 같이 생각해 봅시다. 사실 창업을 시작하기도 전에 망했을 때 얼마를 건질까를 생각한다는 건 어쩌면 생각하고 싶지 않지만 이렇게 미리 계산을 해 봐야 내가 자금을 어떻게 마련하고 운영할지 계획을 세울 수 있습니다.

만약에 창업 1년 만에 폐업을 결정했다면 얼마나 회수할 수 있을까요? 앞서 살펴본 4600만 원 개인 매장을 기준으로 계산해 보겠습니다. 인테리어비용 1200만 원은 회수가 불가능합니다. 500만 원이 들어간 내부 시설집기는 중고로 팔면 200만 원 정도 회수할 수 있습니다. 오픈한 지 1년 정도면 시설집기 상태가 좋으니까요. 그럼 단순히 1500만 원만 손해를 본 걸까요?

권리금이 남아 있습니다. 장사가 되지 않는 가게를 권리금까지 받을 수 있을까요? 사실 권리금도 그대로 회수하지 못할 수 있습니다. 월세가 계속 나가고 장사 부담이 있다 보니 빨리 빼고 싶은 마음에 권리금을 본인이 지불한 금액보다 낮출 가능성이 있습니다. 만약 권리금을 1000만 원에 넘긴다면 500만 원이 또 마이너스입니다. 그럼 2000만 원 정도 손해 볼 수 있겠네요. 남은 건 보증금 1000만 원, 권리금 1000만 원, 집기중고 200만 원 남은 돈은 대략 약 2200만 원 정도 남아 있습니다. 여기에 3개월 임대료와 여비비로 빼놓은 400만 원은 장사를 통해서 손해 보지 않았다면 회수가능한 금액입니다.

열심히 준비한 기간까지 대략 2년 정도(준비 1년+장사 1년)를 쓰면서도 2000만 원 손해 봤다면 너무 억울하지 않을까요? 어렵게 만든 종자돈을 손해 본다면 창업의 경험과 노하우를 배운 걸로 위로만 할 수는 없습니다.

폐업회수비용(손해비용)

품목	창업비용	폐업회수비용	손해비용
보증금	1000만 원	1000만 원	0원
권리금	1500만 원	1000만 원	-500만 원
인테리어(간판 및 외장 포함)	1200만 원	0원	-1200만 원
시설집기	500만 원	200만 원	-300만 원
3개월 임대료 및 여비비	400만 원	400만 원	0원
합계	4600만 원	2600만 원	-2000만 원

폐업 후 비어 있는 매장

창업자금 기회비용까지 생각하기

———

    여기서 생각할 게 하나 더 있습니다. 취업은 자본금이 많이 필요하지 않습니다. 본인의 능력으로 취업을 해서 돈을 벌죠. 그러나 그 능력을 키우고 위해선 비용이 들어갑니다. (자소서 강좌나 스피치 레슨, 영어 공부, 학원비 등 취업비용도 들어갑니다.)

    그러나 창업은 자금을 사용해서 돈을 버는 거니까 이 자본금을 다른 곳에 사용하였을 때 발생하는 비용까지 벌어야 하는 거죠. 예를 들어 5000만 원(보증금 2000만 원, 인테리어 2000만 원, 시설집기 및 권리금 합계 1000만 원) 정도 들어간 매장을 한다고 가정합니다.

    그렇다면 5000만 원의 자본금의 기회비용이 발생합니다. 이 돈을 최소한의 이자인 정기적금 1년 만기 2%(2020년 기준)에 넣어 놓으면 1년 이자가 100만 원(세전) 정도 생깁니다. 그래서 내가 번 수입에 100만 원은 자본금 기회비용으로 포함이 됩니다. 요즘 금리가 낮아서 그렇긴 하지만 부동산이나 다른 재테크를 통해 연 수입이 4-5% 정도 낼 수 있다고 하면 기회비용만 연 200-250만 원은 더 벌어야 되는 셈입니다.

앞서 살펴본 4600만 원 자본금으로 창업 시

4600만 원	이자(세전)	기회비용
연 2%(세전)	92만 원	월 7.5만 원 지불
연 5%(세전)	230만 원	월 19만 원 지불

창업실패 후 다시 창업하려면

———

학창시절에 좋은 대학과 좋은 학과에 진학할 수 있는 방법에 대해 많이 듣고 고민하고 노력하셨을 겁니다. 모두 다 좋은 결과를 얻는 건 아닙니다.

그렇다고 도전하지 않을 수도 없습니다. 그러나 그 과정에서 과외와 학원비 등 많은 비용을 쓰고 결과가 좋지 않다면 어떨까요? 정말 많은 비용을 들이지 않고 결과가 좋다면 어떨까요?

창업은 무조건 자본으로 시작해야 합니다. 내가 실패해도 자본을 다시 회수할 수 있다면 다시금 도전할 수도 있고, 적은 자본으로 시작해서 망해도 자본을 많이 잃지 않는다면 다시 창업을 하는 데 부담이 되지 않을 겁니다.

인생의 단 한 번의 창업으로 성공한다는 생각은 허황된 꿈일 수도 있습니다. 그렇다고 한번 창업해서 실패했다고 다시는 창업을 안 하는 게 맞는 걸까요?

처음은 아무래도 실패를 겪게 될 확률이 더 높습니다. 그렇다면 두 번째 창업에 도전하기까지 시간이 너무 많이 걸린다면 지치지 않을까요? 빠르게 아픔을 극복하고 복기해서 다시 도전해야 합니다.

창업자금이 빨리 모일 수 있게 적은 자본으로 시작하거나 창업의 실패에도 자본 회수비율을 높이는 방향은 가장 정확한 답변이 될 거 같습니다.

망해도 본전 뽑는 소자본창업

2

도대체 소자본창업해서
얼마 벌어야 하나?

창업을 하면 도대체 얼마를 벌어야 성공했다고 할 수 있을까요?

직장생활의 성공기준은 '내가 얼마나 적성에 맞는 일을 하면서 적응을 잘하고 있는가'의 기준도 있지만 연봉이 얼마냐에 따라 좋은 직장이냐 아니냐를 평가하는 건지도 모릅니다.

그렇다면 자영업자는 얼마를 벌어야 좋은 걸까요? 이제부터 현실판 자영업자 수입에 대해 이야기해 봅시다.

만약 3000만 원 투자해서 장사를 하면 한 달에 얼마를 벌면 만족스러울까요? 본인이 주 5일 직장생활을 했을 때보다는 많이 벌어야 만족하실 겁니다. 대부분 창업을 하시는 분들은 직장생활보다 많이 벌기도 원하지만 직장생활이 적성에 안 맞거나 취업이 힘들어서 창업을 고민하신 분들도 있을 겁니다.

다시 본론으로 돌아가서 주 5일 하루 8시간 근무하고 창업으로 3000만 원 투자해서 월 300만 원 정도 수입이 생긴다면 만족하시겠습니까? 아님 1억 원을 투자하고 월 500만 원의 수입이면 만족하실까요?

대기업 부장되는 것보다 중소기업 과장이 되는 이야기하고 싶습니다. 소자본 창업의 핵심은 적은 돈으로 창업해서 극한의 수입을 가져가는 것이 아니라 투자대비 효율을 높이는 것이기 때문입니다.

큰돈 버는 것만 이야기하는 창업전문가들

―――

　창업컨설턴트나 창업전문가들이 제일 많이 이야기하는 게 있습니다. 잘되면 큰돈 번다는 이야기입니다. 사실 우리는 너무 이런 이야기에 익숙해져 있습니다. 매체도 한 몫 거들고 있습니다. 대박집이라고 해서 월매출 공개, 연수입 공개를 하며 장사로 잘된 케이스 위주로 이야기합니다.

　당연히 시청률 때문이겠죠. 하지만 다들 왜 삼성전자 부장, 중소기업 사장님급 정도의 이야기만 하는 걸까요? 잘되는 걸 보여 줘야 사람들이 모이고 돈이 모이기 때문입니다.

　사실 매체에서 이야기하는 사람들이 거짓은 아닙니다. 장사하시는 분들 중에서도 잘되신 분들 많습니다. 그러나 그분들은 600만 자영업자 중에 상위 0.5%에 들어가는 분들 이야기입니다. 우리는 그분들의 이야기에 귀 기울이기보다 상위 30%이야기에 주목해야 합니다. 눈을 낮출 필요가 있습니다.

　현실적으로 접근해야 합니다. 우리는 중소기업 과장의 이야기를 해야 합니다. 연봉 3000-5000만 원 받는 분들 이야기를 해야 합니다. 그래야 저희가 가야 할 길이 보입니다.

돈 많이 벌 수도 있지만 평생 보장 없는 장사

————

　장사의 가장 큰 장점은 나이에 상관없이 할 수 있다는 겁니다. 정년이 없다는 이야기입니다. 그러나 직장인의 연봉처럼 보장되는 급여는 없습니다. 당연히 안정적인 급여조건은 아닙니다.

　누구는 월 1000만 원씩 번다는 장사를 얘기하지만 몇 년 보장되는 건 아닙니다. 불확실성이 크다는 겁니다. 그래서 장사로 큰돈 번다는 이야기는 마냥 부러운 이야기가 아닙니다.

　언제든 망할 수 있고, 손해 볼 수 있습니다. 평생 장사가 잘 될 것처럼 이야기하던 장사꾼들도 예측할 수 없는 변화에 속수무책인 경우도 부지기수입니다.

얼마나 버는 게 적정한가?

―――

잘되도 힘들고 안 되면 더 힘든 창업을 하는 데 얼마를 벌어야 괜찮은 걸까요?

여러 창업지침서를 보면 월 1000만 원 이야기 하는 분들 많습니다. 월 1000만 원이면 1년에 1억 2천만 원입니다. 대단한 일입니다. 대기업 부장 연봉에 인센티브 합친 금액만큼 버는 거니까요. 대기업 부장은 직장인들 중에 상위 5%로 본다면 장사하시는 분들 중에 월 1000만 원 버는 분들은 상위 1%로입니다. 그만큼 힘들다는 이야기입니다. 누구나 될 수도 있지만 아무나 되기는 힘들다는 이야기입니다.

창업을 통한 수입규모의 핵심은 자본금 대비라고 봐야 합니다. 자본을 투자한 만큼 수입이 생겨야 합니다. 앞서 말한 기회비용과도 연관이 있습니다.

그렇다면 1억 원 투자해서 음식점 하시는 분과 3000만 원 투자해서 음식점 하는 분이 기대하는 수입이 같을까요? 당연히 차이가 납니다. 기대수입말입니다. 규모의 차이라고 생각합니다. 대기업과 중소기업의 매출규모가 다르듯이 말입니다.

왜 사람들은 자본만 있다면 규모가 큰 장사를 원할까요? 장사는 규모의 싸움입니다. 큰돈 투자하면 큰돈을 벌기 때문입니다.

10억 원짜리 매장을 내고 월 500만 원 번다고 하면 어떨까요? 잘못한다고 할지도 모릅니다. 5000만 원짜리 매장을 내고 월 500만 원 번다고 하면 대박이라고 TV에 나올지도 모릅니다.

자본금(투자금)에 따라 매출의 기대치가 다릅니다. 자본금 기준으로 이야기 해 보겠습니다. (개인적인 기준입니다.)

5억 원 투자해서 프랜차이즈 매장을 차리고 본인이 일을 전혀 하지 않고 오토매장(직원을 고용해서 직접 일에 관여하지 않을 경우)일 경우 월 500만 원(세전)을 가져간다고 하면 성공한 거라고 판단합니다. (자본금 대비 12%)

약 연 12%로 계산합니다. 5억*0.12=6000만 원(연 단위) 그걸 12개월로 나누면 500만 원이 나옵니다. 본인이 근무를 했을 경우(월 200-300만 원 급여 측정)는 700-800만 원 가져갈 수 있겠죠.

이런 계산법을 5000만 원 투자하면 한 달에 월 50만 원 정도 수입이 생깁니다. 혹자는 50만 원이면 재테크로 나쁘지 않다고 할 수도 있습니다. 요즘같이 저금리 시대에는 말이죠.

그러나 간과한 부분이 있습니다.

첫 번째 경영에 신경 써야 할 게 많습니다. 매장을 차리기까지 많은 시간투자도 병행해야 하지만 실제로 운영은 직원이 하지만 경영은 사장님이 해야 하기에 신경 쓸 일들이 없지 않다는 겁니다. 금융투자처럼 기업 분석과 투자를 하고 수익률을 보면서 언제 들어갈지 나올지 결정하는 것보다는 훨씬 많은 시간투자를 해야 합니다.

두 번째 자본금 회수입니다. 자본금을 다 회수할 수 있다면 시간을 쓰고, 신경 쓴다고 해도 투잡으로 투자가능성이 충분합니다. 그러나 자본금을 100% 회수한다는 보장이 없다는 겁니다. 물론 금융투자도 자본금을 잃을 수 있습니다. 그러나 창업은 실제로 자본금 회수율이 50%도 안될 수 있기에 리스크가 훨씬 큽니다.

소자본창업은 수입계산법이 조금 다릅니다. 본인의 급여를 포함시켜야 합니다. 5000만 원 매장을 차린다고 하면 앞서 말한 듯이 월 50만 원에 본인 인건비 200-300만 원 포함하면 250-350만 원 정도 수입이 계산됩니다.

직장인들처럼 휴가도 없고, 주말도 없이 일하는데 이 정도 돈 벌자고 장사해야 하나라고 하시는 분들도 있을 겁니다. 현실은 이 정도 못 버시는 분들 많습니다. 이제 우리는 장사의 눈높이를 현실화해야 할 때입니다.

광고로 위장한 창업아이템, 컨설턴트, 가맹본부들의 희망 어린 수입구조에 혹할 것이 아니라 현실적인 소자본창업의 수입구조를 파악하고 도전해야 합니다.

앞서 말했듯이 5000만 원 투자해서 월 250-350만 원 버는 것을 창업의 최저수입 기준으로 생각해 봅시다. (주 6일 하루 9시간 기준입니다) 이 금액보다 많은 수입을 낸다면 대박은 아니지만 장사를 계속하셔도 될 거라 판단됩니다.

큰돈 버는 생각은 버리십시오. 대박 생각 버리십시오. 직장생활보다 우연한 근무와 상사 눈치 보지 않는 자영업자, 은퇴가 없는 직장이라는 장점만 보십시오. 그렇게 하면서 앞서 말한 최저수입을 기반으로 수입을 높일 수 있다면 충분히 도전해 볼 필요가 있습니다.

기대수익 계산법(연 12%로 계산)

투자금	월수입 (투자금*0.12)/12	본인인건비	총 월수입
5억 원	500만 원	200-250만 원	700-750만 원
1억 원	100만 원	200-250만 원	300-350만 원
5000만 원	50만 원	200-250만 원	250-300만 원

3

소자본 창업자금 마련은
어떻게 할 것인가?

소자본 창업자금은 어느 규모로 얼마를 벌어야 할지 계획이 되신다면 이제부터 자금은 어떻게 구해야 할까요? 저축해서 종잣돈 만들기, 창업 대출받기, 지인으로부터 빌리거나 투자 받기 등으로 나누어 볼 수 있습니다.

이제부터 소자본 창업자금 마련방법에 대해 이야기해 보겠습니다.

돈부터 모아라(2년이면 충분하다)

———

여러분이 창업을 준비하는데 혹시 종잣돈이 없다면 당장 말씀드리겠습니다.

"돈부터 모아라. 그것도 딱 2년만."

제가 말씀드린 5000만 원 미만을 소자본창업이라고 하면 5000만 원을 우선 모은다고 가정해 봅시다. 보통 사회초년생 직장월급이 다 다르겠지만 최저시급을 기준으로 하면 월 수령액이 190만 원 정도 될 겁니다. (2020년 기준) 여기서 생활비, 월세, 공과금등 내면서 아끼고 아껴 쓰고 100만 원 정도 저축한다고 가정하면 50개월이 필요하죠. 이자가 붙는다고 생각하면 48개월 정도, 약 4년 정도 시간이 걸립니다. 엄청난 시간이 걸립니다. 이렇게 힘들게 모든 돈을 가지고 창업에 뛰어든다는 것은 쉽지 않습니다. 종잣돈으로 창업자금에만 쓸 수도 없습니다. 주택마련, 결혼자금 등 목돈이 필요한 곳이 많기 때문입니다.

하물며 5000만 원 모을 때까지 계속 견딜 수도 없습니다. 한 달에 100만 원씩 저축하기 쉽지 않기 때문입니다. 그래서 2년 동안 창업자금 모으기를 권해드립니다. 2년 동안 악착같이 본인이 저축할 수 있는 만큼 최대한 저축하십시오. 그 돈을 창업자금으로 쓰는 겁니다.

여러분이 직장인이 아니라도 알바를 해서 한 달에 최소 60만 원은 모으십시오. 60만 원×24개월이면 원금만 1440만 원입니다. 이자까지 하면 대략 1500만 원 정도 되겠네요. 이렇게 모은 돈으로 창업을 준비하시면 됩니다.

여러분이 돈을 모은다는 계획이 있다면 2년 뒤에 모인 창업자금도 예측할 수 있습니다. 그러면 그 금액에 맞는 창업을 준비하시면 됩니다.

앞서 말씀드린 소자본창업은 5000만 원 미만의 창업입니다. 1500만 원으로도 가능한 창업은 얼마든지 있습니다. 온라인쇼핑몰이 아니라 매장을 얻어서 하는 오프라인 창업을 말하는 겁니다.

이렇게 2년 동안 모은 창업자금으로 창업을 하면 실패해도 다시 일어서는 시간이 짧습니다. 오랜 기간 동안 모은 종잣돈으로 창업에 실패하면 다시 창업하는 도전하기까지 기간도 길어지겠지만 긴 시간동안 모은 창업자금으로 손해를 보면 심적인 부담도 크게 다가오기 때문입니다. 2년 동안 자금을 모으면서 창업에 관한 아이템과 스킬 등을 연구하면서 준비하기에 좋은 시간입니다.

혹여나 실패하더라도 다시금 2년이면 도전이 가능합니다. 창업에 실패하더라도 절반 이상의 자금은 회수하셨을 겁니다. 기존의 남은 자본금으로 2년보다 더 짧은 시간 돈을 모으거나 2년 더 모은 돈과 합치면 예전보다 조금 큰 자본금으로 창업을 할 수도 있습니다.

창업자금을 단순히 2년 동안 모으는 것을 이야기했다면 심리적인 이야기를 해 보겠습니다. 본인 자금으로 창업하면서 생기는 절박함이 있

습니다. 힘들게 2년 동안 모은 돈이라면 더욱 그렇습니다. 내 돈을 날릴
수 없는 절박함이 더욱 간절해집니다. 자본금을 알뜰살뜰 쓰고 수입에
대한 심도 깊은 고민을 더 할 거라고 생각됩니다.

창업에 있어서 좋은 아이템과 사업성은 대단히 중요한 요소입니다.
그러나 그것보다 중요한 건 창업을 하는 사람의 마음가짐입니다.

자본이 없다면 지금 당장 돈을 모으십시오. 이렇게 이야기한다면 여러
가지 반응이 있습니다.

'돈 모으기 너무 힘들다. 어렵게 모은 돈인데 창업했다가 잘못되면 너
무 속상할 거 같다.'

이런 분들은 계속 직장생활하시면 됩니다. 좀 더 직장생활에 만족감
을 느낄 수도 있습니다.

'정말 힘들게 모은 돈인데 정말 아끼고 아껴 잘 준비해서 창업을 해야
겠다.' '2년이란 시간은 충분히 투자할 만하다.'

이렇게 창업자금을 모으면서도 정말 창업하실 분들만 남겨지게 됩니다.

24개월 연 2%로 적금 시

월 저축금액	세후수령액
60만 원	14,657,073원
90만 원	21,985,609원
120만 원	29,314,146원

저자의 1600만 원 실제 창업사례

———

'에이 2년 동안 모은 돈으로 무슨 창업을 해.'라는 분들을 위해 저자가 작년에 창업한 사례를 소개해 드리겠습니다.

2년 동안 월 80만 원씩 창업통장을 만들어서 저축을 했다. '그 창업자금으로 무엇을 할 수 있을까' 고민하던 중 무권리로 나온 작은 매장을 발견하고 다시금 창업에 뛰어들었다. 특히나 짧은 시간 샌드위치와 샐러드를 만들어서 자판기에 넣고 24시간 판매를 통해 판매인건비 절감과 만드는 시간을 자유롭게 정할 수 있다는 장점에 비대면전용 매장으로 콘셉트를 잡았다.

2019년 오픈한 대학로의 한 매장. 보증금 1000만 원, 월세 30만 원, 권리금 무 평수 2평 남짓 되는 상가.

한동안 비어 있어서 한참을 보면서 어떤 매장을 하면 좋을까 고민하다가 24시간 무인자판기매장을 생각해 냈고, 냉장멀티자판기를 활용한 샐러드, 샌드위치판매매장을 하기로 결정하였다.

매장 내 인테리어는 공간이 워낙 좁아서 셀프로 간단히 수도와 싱크대 설치(20만 원)를 하였다.

간판(기존 어닝은 천갈이, 간판은 부분 철거 후 교체) 80만 원을 사용하였고 문 위치 변경 및 프레임 및 유리시공에 40만 원을 사용하였다. 멀티자판기중고 구입 400만 원과 공사기간 동안 1개월 월세 30만 원을 지출하였다.

실제비용은 약 1600만 원으로 실제 창업을 했습니다.

창업비용 목록

품목	비용
보증금	1000만 원
멀티자판기(중고)	400만 원
실내인테리어	60만 원
간판, 어닝	80만 원
부동산중계수수료	28만 원
공사기간 월세(약 한 달)	30만 원
합계	1598만 원

매장 공사 전

매장 공사 후(혜화역 근방에 있는 아사삭샌드위치 매장)

지인찬스는 쓰지 마라

———

창업자금을 마련을 본인이 모은 돈으로 해서 예산이 부족할 수 있습니다. '이럴 땐 어떻게 해야 할까요?' 당연히 빌려서 해야 된다는 애기가 나올 텐데요. 어디서 빌려야 할까요? 대부분 가족이나 지인에게서 빌리게 됩니다.

대출은 왜 안 받을까요? 아무래도 대출은 많은 서류와 증빙이 필요하고 절차에 따라서 인증도 받아야 하는 등 아무래도 창업만 준비하기에도 힘든데 대출까지 신경 쓰기는 더욱 녹록지 않습니다. 거기에다 이자도 지급해야 하고 정해진 상환기간도 있는 등 지인에게 빌리는 게 아무래도 수월할 수 있습니다. 특히 직계가족이나 가까운 지인들입니다.

저는 '무조건 지인찬스는 쓰지 마라.'라고 이야기합니다. 우선 잘못되었을 때 타격이 너무 큽니다. 그리고 간섭과 다양한 걱정들이 앞서게 됩니다. 객관적인 판단과 조언보다는 아무래도 주관적인 걱정과 관섭이 많을 겁니다. 이는 창업초기에 엄청난 부담이 될 수 있습니다.

이것저것 처음 하는 일 투성이인데 잘하는지 못하는지 등 주변의 이야기에 멘탈이 흔들릴 수 있습니다. 더욱이나 돈을 빌렸기 때문에 마냥 무시하기도 쉽지도 않습니다. 그렇다고 장사가 잘된다고 해서 돈을 바로 갚기가 쉽지 않습니다. 장사 초기에는 수입이 생겨도 여비비도 만들어야 하고 부족한 곳을 보완해 업그레이드도 해야 하기 때문입니다.

가장 큰 문제는 장사가 안됐을 때입니다. 폐업 후 빚이 생깁니다. 당장 채권추심처럼 독촉은 오지 않지만 상환이 어려운 상황에서 관계가 멀어질 수 있습니다. 돈은 그렇게 사람관계도 멀어지게 합니다.

창업자금대출 잘 알아보자

―――

　자금이 부족해서 창업이 어렵다면 차라리 창업자금대출을 알아보시는 게 좋습니다. 다양한 기관에서 창업자금 대출이나 정부지원사업 등 다양한 형태의 대출이 있습니다.

　대부분 창업 후에 대출이 가능한 상품이라 초기 창업자금으로 쓰기는 힘들지만 저금리 상품이 있기에 잘만 활용하면 장기적으로 효율적입니다.

　여기서는 대표적인 대출 두 가지를 이야기해 보겠습니다.

신청방법

신청접수(소상공인공단)

→ 정책자금 지원대상 확인서 발급

→ 신용평가(신용보증기관)보증서 발급

→ 대출실행(은행)

소상공인진흥공단 정책자금 대출

2020. 2월 기준(분기별 금리변동)

일반경영 안정자금 창업초기자금 사업전환	- 지원대상: 경영 에러를 겪고 있는 소상공인 - 대출금리(변동): 정책자금 기준금리(1/4분기 1.67%)+0.2-0.6% - 대출한도: 7천만 원 이내(장애인자금 1억 원 이내) - 대출기한: 총 5년(2년 거치 3년 상환)

청년고용 특별자금	- 지원대상: 청년소상공인 또는 청년 1인 이상 고용한 업체 - 대출금리(변동): 정책자금 기준금리(1/4분기 1.67%)+0.00-0.4%p

구분	지원대상	가산금리	적용금리 (1/4분기)
①	- 청년 소상공인 - 50% 이상 청년고용 (상시근로자 2인 이상) -최근 1년 이내 청년고용	0.4%p	2.07%
②	2020년 청년 1명 고용기업	0.2%p	1.87%
③	2020년 청년 2명 이상 고용기업	가산 없음	1.67%

- 대출한도: 업체당 1억 원 이내
- 대출기한: 총 5년 (2년 거치 3년 상환)
- 우대사항: 제로페이 또는 풍수해 보험 1개 이상 가입 시 0.1%p 우대

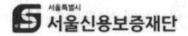

신용보증재단 자영업자대출(서울시 기준)

구분	소상공인 창업자금 특별보증	사업장 임차자금 특별보증
대상 기업	① 사업자등록(창업) 후 1년 이내의 서울시 소재 소상공인 ② 업종전환 및 사업장 이전의 경우, 전환 또는 이전 후 사업자등록증 기준 1년 이내의 소상공인 ③ 예비창업자	
보증 조건	① 사업장 확보(자가 구입 또는 임대차계약 완료 후 보증금 완납된 경우에 한함) ② 재단 또는 유관기관에서 주최하는 창업교육 수료 ③ 재단의 창업컨설팅 이수	
보증 한도	업체당 3천만 원 이내 (창업 시 소요된 자금 범위 내 지원) ※ 단, 예비창업자가 '창업 전 컨설팅'을 수료하고 사업장 구비를 완료한 경우 최대 2천만 원 추가한도 부여 가능	업체당 5천만 원 이내 (※ 임차보증금의 80% 범위 내 지원)
보증기간	최대 5년	최대 5년
보증비율	90%	100%
보증료	연 1.0%	연 1.0%
대출금리	서울시자금 이용 시 은행금리에서 1%-1.5% 차감(서울시 부담)	

은행 가서 신용등급 확인

→ 신용보증재단 방문신청(사업자등록증, 부가가치세과세표준증명원 지참)

→ 보통 1-2천만 원 1-3% 금리로 대출 바로 나옵니다.

→ 보증료 1% 내는 단점이 있지만 서울시에서 이자 1-1.5% 차감해서 저렴.

이처럼 창업초기에 저금리로 대출이 가능한 방법을 알아봤습니다. 신용보증재단은 지역별로 있기에 각 지역에 있는 신용보증재단에서 확인하시면 좋습니다. 은행별로 사업자대출이 있지만 신용도에 따라 대출금리가 차이가 많이 나고 위에 두 대출보다 금리는 높은 편입니다.

TIP --

왜 빌린 돈으로 창업을 하면 안 될까요?

가장 큰 이유는 창업이 실패하면 빚이 생기게 되고 빚까지 갚으려면 더 많은 시간 동안 창업을 할 수 없고 다시 도전할 시간이 오래 걸리기 때문입니다. 빌린 돈은 갚아야 한다는 압박에 혹여나 창업을 하게 되면 수익률이 훨씬 좋은 아이템에 도전할 가능성이 높습니다. 무리수를 두게 됩니다.

4

장사는 잘되도 힘들고 안 되면 더 힘들다

여러분들은 대부분 직장을 다니고 있거나 다녔던 경험을 해 보셨을 겁니다. 직장이 좋든 안 좋든 여러분들은 계속 직장을 다닙니다. 왜 그런가요? 매달 나오는 월급 때문입니다. 그걸로 생활비도 해야 하고 대출도 갚아야 하고 매달 필요한 돈이 있기 때문이죠. 이왕이면 남들이 다 선망하는 좋은 직장을 다니면 좋지만 아무리 좋은 꿈의 직장이라도 그만두는 사람은 있으니까요.

　그렇다면 장사는 어떨까요? 안 된다면 무조건 힘들겠지만 잘되고 돈을 많이 번다고 행복할까요?

　직장생활만큼 힘든 자영업생활에 대해 이야기해 보겠습니다.

워라밸을 꿈꾸는가?

———

직업을 선택할 때 워라밸(Work-life balance:일과 삶의 균형)은 고려대상이 되었다. 경제적 보상도 중요하지만 요즘은 워라밸 있는 삶을 더 중요시 하는 분위기이다.

앞으로는 어쩌면 취업이나 창업을 할 때 최우선선택 기준이 워라밸이 될지도 모르겠다.

"근무시간이 길다(주 52시간은 꿈도 못 꾼다). 쉬는 날은 사치다. 주 6일은 기본이다. 연휴에 쉬어 본 적이 없다. 내 평생 쉬어 본 건 설날, 추석날 하루씩뿐이다." 자영업자들의 이야기입니다.

요즘같이 워라밸을 추구하는 친구들에게 장사는 지옥과 같은 경험을 하게 될지도 모릅니다. 주말에 무조건 일, 공휴일도 일, 남들 놀 때 일해야 됩니다. 업종마다 다를 순 있지만 대부분의 업종이 그렇습니다.

음식점은 최소한 주 1회밖에 휴무를 하기 힘든 관계로 최소한 주 6일 근무에 공휴일과 같은 휴무일도 일을 해야 합니다. 근무시간도 점심, 저

녁 장사만 한다고 해도 재료를 준비시간까지 하면 오전 10시 오픈, 9시까지 마감하면 하루 기본 11시간, 주6일 기본으로 하면 66시간입니다. 그렇지만 마감 9시까지라고 해도 주방정리 일일정산, 재료주문 등(재료를 직접 구매 시)근무시간이 추가될 확률이 많습니다. 거기다 홍보마케팅이나 전체적인 매장 운영경비 등 생각해야 될 시간도 필요합니다. 1주일 동안 최소 70시간은 일을 한다고 생각하면 됩니다. 공식적인 연차도 없습니다, 휴가 따로 시간을 내기 쉽지 않습니다.

장사하면서 워라밸은 참 어려운 숙제입니다. 그러나 분명한 건 직장생활보다 훨씬 유연한 삶을 선택할 수 있습니다. 앞으로는 자영업자들도 워라밸을 누리기 위한 창업을 고민해야 합니다. 큰돈 버는 것도 중요하지만 휴식이 있어야 더욱 오랫동안 일을 잘할 수 있으니까요.

장사하다 떠난 여행

직장상사보다 더 힘든 알바님
(사람 스트레스가 가장 힘들다)

———

워라밸이 있는 장사는 없을까요? 방법이 있습니다. 사장님 모드라면 말이죠. 인력고용을 통한 관리자모드를 통해 자유로운 시간과 여가가 생깁니다. 여기에 직장인보다 많은 돈을 벌 수 있다는 생각에 창업에 뛰어듭니다.

그러나 한 가지 맹점이 있습니다. 사람 스트레스를 배제하면 말이죠. 여러분들은 세상에 별의별 사람이 있다는 걸 두 가지로 느낄 수 있습니다. 손님과 종업원(알바)를 통해서입니다. 손님은 그나마 좀 낫다고 할까요? 저희 매장에 고객이라 좀 더러운 꼴 보더라도 참으면 되고요, 요즘 블랙컨슈머가 있긴 하지만 요즘 그에 따른 여론도 좋지 않고 오히려 그런 분들에게 맞대응도 하는 편이라 예전보다는 덜 힘듭니다. 그러나 종업원(알바)는 좀 다릅니다. 본인이 고용한 '을'이라고 생각을 하기 때문이죠. 그러다가 뒤통수 맞게 되면 여파가 어마어마합니다.

그렇다고 말도 안 되는 행동을 하는 종업원은 요즘은 많지 않습니다. 최저시급이 매년 가파르게 오르면서 자영업자들이 인력을 대처할 수 있는 키오스크 도입과 인력감축을 강행하면서 알바들의 일자리가 많이 줄어들었습니다. 그래서 알바구인공고에 지원자가 많아서 구인은 수월한 편입니다.

그럼에도 불구하고 힘든 게 여전히 존재합니다.

- 일이 힘들거나 적성에 맞지 않는다고 바로 다음 날 그만두기
- 손님응대 대충하기
- 지각하기
- 의사소통 어렵다. (세대 차이)
- 개념 없는 언행

열심히 한다고 하지만 사장님이 보기에 마음에 안 드는 부분들이 많습니다. 이런저런 일들을 겪게 되면 내 맘 같은 알바 구하기가 하늘에 별 따기라는 이야기가 나오게 됩니다. 그래서 소규모 매장들은 가족끼리 하는 경우가 많은 이유이기도 합니다. 사람 스트레스가 크기 때문입니다.

직장 이직처럼 장사도 2년이 고비

———

통계청 2020년 경제활동인구조사에 따르면 15세에서 29세까지 졸업, 중퇴 후 취업 유경험자 4070명 조사 중 첫 일자리를 다닌 평균 근속기간은 18개월로 나왔습니다.

'2년의 고비는 반드시 온다.' 직장 처음 다니는 사회초년생들에게 주의에서나 직장선배들이 주로 많이 하는 말이죠. 실제로 선배들도 2년 안에 퇴사하는 경우를 자주 보게 됩니다. 근데 이런 일들이 비단 직장생활에서만 존재하는 걸까요?

장사에서 더욱 빈번하게 발생합니다. 여러분이 어렵게 소자본 창업을 시작했습니다. 만약 매출이 잘 안 나온다면 당연히 포기하고 싶어질 겁니다. 그럼 매장을 다른 사람에게 양도하거나 여의치 않으면 임대차 계약기간인 2년 동안 어떻게든 버티다가 계약만료시점에 정리하는 경우입니다.

그러나 만약 장사가 잘되어도 2년의 고비가 올까요? 당연히 고비는 옵니다. 최저시급이 많이 오른 요즘 1인 매장을 고려하는 분들이 많습니다. 완전 1인 매장은 아니더라도 주인이 거의 모든 일을 하고 일손이 부족한 부분만 파트타임으로 알바를 고용해 바쁜 시간에 활용하는 방법입니다. 인건비 부담이 없지만 주인장이 아프거나 힘들어도 그만둘 수 없습니다. 돈을 잘 벌어도 쉽게 사람을 고용하긴 더욱이나 힘들죠. 음식 레시피를 공유하는 주방을 봐줄 만한 직원은 급여를 더 주고 구해야 하기 때문입니다. 이렇게 2년 정도 하다 보면 지치고 힘듭니다. 같은 일상이 반복되어서 지루하기도 하고요. 손님스트레스, 종업원 스트레스도 생기고요.

여기서 새로운 변수가 생깁니다. 임대차계약이죠. 보통 2년으로 상가 임대차계약을 맺는데요. 건물주가 매장 잘된다고 보이면 조금이라도 월세를 올리게 됩니다. 여기다 2년 동안 최저시급은 당연히 올랐을 테고 재료비들도 조금씩 인상되었을 겁니다. 제가 파는 음식 값은 그대로인데 말이죠. 고민이 시작됩니다. 월세, 인건비, 재료비가 5-10%는 올랐는데 음식 값을 올리면 손님이 줄까 봐, 안 올리면 당장 수입이 줄어들어 고민입니다.

고민할 일도 많고 할 일도 많고, 잘 쉬지도 못하고 그만 둘 확률이 많습니다. 그래서 잘되는 매장도 권리금 좀 받고 넘기려고 하는 사장님들 꽤 있습니다. 2년 동안 번 돈이랑 권리금 받은 걸로 좀 쉬면서 다른 매장을 준비하는 거죠. 규모를 키운다든가 예전에 해봤던 매장에서 부족한 부분을 보안해서 준비합니다.

5

취업만큼
투자하라

여러분들은 평생 취업을 위해 달려 왔다고 해도 이상하지 않을 겁니다. 학창시절 좋은 대학 또는 좋은 학과에 진학하기 위해 열심히 공부를 합니다. 좋은 대학이나 좋은 학과에 진학하면 열심히 그 전공을 살려 취업 준비를 합니다. 좋은 기업에 취업을 하기 위해 길게는 10년이 넘는 시간과 비용을 투자하게 됩니다.

　그런데 창업에 몇 년간 공부하고 거기에 맞는 비용을 투자한다는 이야기는 어디서 들어 보셨나요? 아마도 흔하지 않는 이야기입니다.

취업하는 데 돈과 시간을 얼마나 썼을까?

———

학창시절부터 대학진학에 이르기까지 좋은 직장에 들어가기 위한 비용과 시간은 제외하겠습니다. 오직 취업준비 기간만을 따져 보겠습니다.

한국청소년 정책연구원 〈2019 청년사회, 경제실태조사〉에 따르면 취업준비에 월 평균 지출은 사설기관(어학학원 등) 이용시 20.7만 원, 사설기관 제외한 월 평균 지출은 14.9만 원으로 발표했다. 합하면 월 약 35만 원 정도 지출로 볼 수 있다. 1년에 약 400만 원 정도이다. 그리고 하루 평균 투자시간은 4.5시간으로 조사되었다. 우리는 어쩌면 이보다 많은 노력과 비용을 쓰면서 취업준비를 하고 있습니다.

그렇다면 창업에는 어느 정도의 시간과 비용을 써야 하는 걸까요? 정해진 기준은 없습니다. 그러나 확실한 건 취업준비만큼 창업준비를 해야 한다는 겁니다. 상권 분석, 아이템 조사, 자금조달, 사업계획서, 인테리어 등 훨씬 다양하고 새로운 종목 등을 공부해야 합니다. 다양한 매체와 다양한 기관에서 창업과 관련된 강의와 경험담 등을 들을 수 있습니다.

창업 준비에 있어서 직장인 인턴처럼 미리 경험도 해 볼 수 있습니다. 본인 준비하는 업종에서 알바나 단기직으로 일을 한다면 돈을 벌면서 실습을 할 수 있으니 단순히 자본과 아이템만으로 창업에 뛰어들지 마십시오.

취업과 창업은 무조건 한다
(직장의 힘든 점 자영업의 힘든 점)

———

우리는 취업은 무조건 하려고 합니다. 돈을 벌 수 있는 방법 중 가장 대표적인 방법입니다. 그래서 취업에 맹목적으로 돌진합니다. 공무원 준비, 공채 등 다양한 방법으로 취업을 준비합니다. 누구나 대기업 또는 공기업 직원, 공무원이 되고 싶습니다. 부단히 노력합니다. 우선 좋은 대학을 들어가서부터 노력합니다.

힘들게 원하는 직장에 들어갑니다. 급여 복지 평판 다 좋으나 적성에 100% 맞다고는 할 수는 없습니다. 직장상사나 동료들과의 관계도 쉽지가 않죠. 그래도 버팁니다. 힘들게 들어갔고 좋은 대우가 있습니다. 그러나 한 가지 문제가 생깁니다. 대기업이나 공기업은 급여도 좋고 복지도 좋지만 정년이 짧고 공무원은 정년보장에 복지도 좋지만 급여가 많은 것은 아닙니다. 당연히 공무원연금을 무시할 순 없지만 말입니다.

장사가 적성에 맞으면서 많은 돈을 벌 수 있다는 것도 아닙니다. 그래서 창업이든 취업이든 우리가 돈을 벌 수 있는 경제활동을 두루 경험하고 나면 본인에게 맞는 경제활동을 하게 될 수 있습니다. 매달 꼬박꼬박 월급 받는 일이나 본인 주도적으로 장사나 사업을 통해 안정적이진 않지만 노력한 만큼 성과가 분명한 수입을 얻을 것인지 말입니다. 둘 다 하시는 분들도 있습니다.

그러나 창업은 취업이 힘들어서 또는 은퇴하고 할 일이 없는데 소일거리로 시작해서는 적응하기 힘듭니다. 그러다 실패했을 때 돌아오는 피해가 취업보다 훨씬 큽니다.

모두가 창업과 취업을 준비하고 경험해 봤다면 어땠을까 합니다. 그러면 창업은 여간 어려운 게 아니니까 다른 재테크나 직장생활을 연장할 수 있는 방법을 더욱 열심히 준비할 수도 있습니다. 아니면 창업이 적성에 맞아서 조기은퇴 후 창업에 뛰어들었을 수도 있으니까요.

취업과 창업의 장단점

취업		창업	
장점	단점	장점	단점
자본이 필요 없다	수입변화가 크지 않다	직원 고용, 근무시간 유연	자본이 필요하다
주 5일 근무, 휴가	고정된 근무시간 (출퇴근)	큰 수입 낼 가능성	안정성이 떨어진다
고정 수입	정년/퇴직 불안감	정년이 없다	매출 스트레스
최소 1년 단위로 계약	성과/진급스트레스	직장상사 스트레스 없다	근무시간 많을 수 있다
복지제도		자유로운 분위기	

창업준비에 1년만이라도 투자해라

———

여러분이 창업을 준비한다면 얼마 동안 준비해야 좋을까요? 어떤 업종, 위치, 규모, 자본 등을 고려해서 공부해야 합니다. 기간으로 따지면 최소 1년은 공부해야 합니다.

하고 싶은 업종선택과 상권분석 등 전략적인 공부가 아니어도 좋습니다. 쉽게 본인이 하고자 하는 업종에서 알바 3개월 하기, 본인 하고자 하는 위치 3개월 가게 찾아보기, 유튜브나 여러 매체를 통해 창업전문가들 영상 및 창업한 사람들 사례 살펴보기. 프랜차이즈 가맹상담 받기. 가까운 지인 중에 창업하신 분 있으면 가서 면담하기. 이렇게만 준비하셔도 1년은 필요하리라 생각됩니다.

무작정 남들 잘된다는 이야기, 대박 아이템, 좋은 가게가 나왔다는 얘기만 듣고 급하게 진행하는 일은 절대 없어야 합니다. 창업도 취업만큼이나 시간투자와 준비는 필수입니다.

1년간 준비해 보자

희망업종 알바하기	3개월
매장 알아보기 (상권 분석)	3개월
창업 관련 사례 보기 (유명 매장 방문)	6개월
지인 중 창업사례 면담	2개월
프랜차이즈 상담받기	2개월

평생직장이 여기에 있다

———

　요즘 평생직장이란 이야기가 어색합니다. 사실 정직원은 있지만 정년까지 다닌다는 보장이 없고, 시대가 빠르게 변하면서 한 가지 일만 한다는 것도 쉬운 일이 아니게 되었습니다. 그러다 보니 이직하시거나 투잡 등 다양한 형태의 근무를 하게 됩니다. 안정적이지는 않지만 그래도 본인이 잘하면 정년 없이 일을 할 수 있는 창업에 많은 이들이 더욱 관심을 가지게 됩니다.

　예전에는 누구 밑에서 일하기 힘들어서 사장님을 꿈꾸었다면 요즘은 오래도록 일하고 싶어서 사장님 자처하는 건지도 모릅니다. 그렇다고 장사도 한 매장에서 평생 한다는 보장이 없습니다. 그러나 나이 제한이 있는 건 아니다 보니 장사의 노하우와 자본만 있다면 얼마든지 계속해서 창업을 이어 나갈 수 있습니다. 가장 큰 장점이 아닐까 합니다.

6

아이템은
정하고 덤비나?

이제 창업을 해야 하는데 뭘 해야 할까요? 방송에 나오는 유명한 맛집부터 우리 집 근처에 있는 구멍가게까지… 몇 십 년을 사는 동안 이용했던 가게들이 무수히 많은데 과연 그중에는 어떤 업종을 해야 하는 걸까요?

여러분들은 취업할 때 당연히 적성이나 전공과 관련된 회사나 부서에 들어가길 희망합니다. 자기가 잘하거나 하고 싶은 걸 해야 하는 건 당연하기 때문입니다.

그런데 창업도 그런 생각으로 업종이나 아이템을 선정하나요? 창업을 한다면 어떤 아이템으로 도전해 보고 싶은 건가요? 본인이 잘할 수 있는 게 있고 돈을 잘 벌 수 있는 게 있다면 어떤 걸 선택하시겠습니까?

남들이 이런 걸로 돈 좀 벌었다는 이야기는 무수히 들으셨죠? 때론 "이런 거 하다가 돈 다 날렸다."라는 이야기도 많이 들으실 겁니다. 이도 저도 없어서 그냥 잘 차려진 프랜차이즈에 도전하겠다는 분들도 계십니다. 어떻든 업종 및 아이템 정도는 확신이 있어서 창업하셔야 되지 않을까요? 그래야 앞으로 헤쳐 나아가야 할 무수히 많은 난관을 극복하는데 도움이 되니까요.

트렌드한 업종은 피하고 보자

———

　한국은 소비트렌드에 민감한 편입니다. 1일 생활권에 매체의 영향도 크고 소비패턴도 빨리 변합니다. 특히나 트렌드한 음식이나 매장은 빠르게 이슈가 되지만 그만큼 빠르게 잊히기도 합니다.

　그럼에도 장사하는 분들은 트렌드한 업종을 선호합니다. 왜 그럴까요? 생명이 짧을 수는 있지만 이슈가 되면 많은 수익을 낼 수 있기 때문입니다. 치고 빠질 수 있습니다. 설령 트렌드한 업종이라고 해도 롱런하는 매장도 있고, 처음부터 안 되는 거보단 어느 정도 수입이 보장이 되기 때문입니다. 그렇다고 창업을 해 본 적도 없는데 생소한 아이템을 마냥 찾아다닐 수도 없으니까요.

　그래도 트렌드한 업종은 무조건 피하십시오. 순간 얻는 게 있을 수 있지만 피해를 더 크게 볼 수 있습니다. 장사가 된다면 그만둘 때를 찾는 것도 어렵기 때문입니다. 창업초보자는 절대 발을 들이지 않기를 추천합니다.

핫도그, 대만밀크티

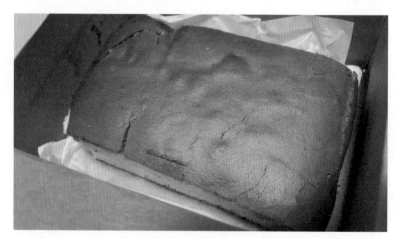

대왕카스테라

같은 아이템이라도 콘셉트가 생명이다

———

　만약 여러분이 떡볶이집 창업을 준비 중이라면 어떤 콘셉트으로 창업을 하시겠습니까?

　같은 떡볶이 매장이라도 어떤 콘셉트로 준비하느냐에 따라 잘될 수도 안 될 수도 있습니다. 형태도 즉석떡볶이, 매운떡볶이, 국물떡볶이, 포장마차 형식 떡볶이 등이고, 홀 중심이냐 포장이나 배달 위주냐에 따라서 다릅니다. 가격대나 서브메뉴 등 다양한 형태와 콘셉트가 존재하기 때문입니다.

　이제는 단순히 좋은 아이템으로 장사가 성공하기란 쉽지 않습니다.

　홍대 대표적인 떡볶이가게 조폭떡볶이, 또보겠지 떡볶이가 있습니다. 같은 상권과 떡볶이란 메뉴에서 다르지만 각자의 명확한 콘셉트와 독특한 아이디어, 맛으로 성공을 거두었습니다.

떡볶이 콘셉트와 비교 분석

	조폭떡볶이	또보겠지떡볶이
먹는 방식	큰 철판에 조리된 떡볶이 소분 판매	즉석떡볶이 (가스버너에 조리하면서 먹는 방식)
특징	판매시간이 새벽까지 영업	즉석떡볶이에 감자튀김 조합
전략	- 홍대클럽이 왕성한 새벽시간대에 판매 - 남자 분들이 조리해서 판매(조폭이라는 콘셉트)	즉석떡볶이에 튀김보다는 감자튀김을 조합시켜 색다른 맛을 도출

버터갈릭감자튀김

또보겠지매장

조폭떡볶이 매장

ex) 락볼링장

- 기존볼링장에서 놀이나 오락의 개념을 극대화하고 조명과 사운드로 색다른 분위기를 유도

프랜차이즈업계를 주목해라

　프랜차이즈 매장은 다양한 브랜드와 아이템으로 많이 나오고 있습니다. 본인이 하고자 하는 아이템과 최대한 비슷한 프랜차이즈 매장을 살펴볼 필요가 있습니다. 유명하든 유명하지 않든 말입니다. 최대한 비슷한 아이템과 콘셉트의 가맹점이 있는지 확인하고 있다면 가맹설명회도 가시고 실제 운영 매장을 방문해 꼼꼼히 체크하십시오. 생각하지 못한 아이디어부터 아쉬운 점까지 체크하셔서 본인의 매장에 접목하시기 바랍니다.

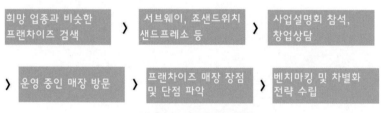

ex) 10평 규모의 샌드위치 매장 준비

창업박람회는 다양한 프랜차이즈를 살펴보는 데 좋은 도움이 된다.

개인 매장 하기
(하나부터 열까지 몸과 마음 다 쓰기)

────

　개인 매장 창업을 살펴보겠습니다. 우선 가장 큰 장점은 비용을 많이 아낄 수 있습니다. 가맹비, 교육비, 인테리어 비용에서 많은 세이브를 할 수 있고, 가맹본사의 갑질로부터 자유로울 수 있습니다. 그러나 할 일이 아주 많습니다. 메뉴 개발, 브랜드 콘셉트, 인테리어, 상권 조사분석, 홍보마케팅, 판매전략 등 하나부터 열까지 다 준비하고 부족함 없이 해결해 내야 합니다.

　요즘 대부분의 업종은 프랜차이즈로 창업을 할 수 있습니다. 그러나 프랜차이즈의 단점과 비용문제 때문에 개인 매장을 도전하시는 분들도 많이 있습니다.

　그럼 개인 매장을 하려면 어떻게 해야 할까요? 업종부터 고릅니다. 대부분 창업을 마음속으로 품고 계셨다면 하고 싶은 아이템은 있을 겁니다.
　만약 수제버거 가게를 예로 들어보겠습니다. 수제버거 매장은 다양한 프랜차이즈 형태도 있고, 개인이 운영하는 매장들도 공존해 있습니다.

본인이 생각하는 콘셉트와 메뉴들로 구성된 개인 매장을 준비한다고 하면 우선 기존 유명매장을 돌아다니며 콘셉트와 구성 및 가격 등을 결정할 겁니다. 레시피는 본인이 요리에 관심이 많다면 개발하거나 다양한 클래스에서 배우면서 보완하겠죠. 그럼 그 후의 절차를 나열해 보겠습니다.

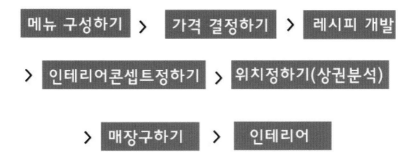

개인 매장에서는 대부분 직접 해야 하기 때문에 비용을 주고 업체를 따로 고용하거나 아니면 직접 다 하셔야 합니다. 그만큼 많은 고민과 노력이 필요합니다. 그래서 사전조사와 콘셉트와 디자인, 위치 선정 등 긴 호흡을 가지고 천천히 준비하시는 게 좋은 방향입니다. 그러면서 창업에 대한 많은 공부도 병행하시면 더욱 좋습니다.

창업 실제사례

저자의 기존 매장을 정리하고 새로운 매장으로 재오픈 했습니다. 과정을 한번 살펴보겠습니다. (2020년 8월)

상권 분석

대학로 상권에 위치한 6평 작은 1층 상가
골목에 위치에 있어서 임대료는 저렴하다.
연극관람을 위한 방문객이 많고, 인근 대학교와 병원에 다니는 학생과 직장인들 위주의 상권
일반통행 인접골목이라 노출이 많이 되지 않고 주변에 음식점이 다양하다.

↓

아이템 및 업종선택

직장인이나 학생들이 이용할 저렴한 브런치 매장으로 업종 선택
브런치 메뉴 중에서 특히나 대학로상권에 없는 메뉴 중심으로 구상
팬케이크와 프렌치토스트 선정

↓

인테리어 콘셉트

미국식 팬케이크 브런치 매장 분위기 인테리어
매장이 작아서 홀에 2인석 5개 테이블 공간 구성
최대한 밝은 형태의 화이트톤과 우드로 만든 붙박이 의자와 붙박이 테이블, 대리석 2인 테이블로 구성
외부도 기본적으로 화이트톤에 어닝은 남색계열, 간판은 흰색아크릴에 검정색 글씨체로 최대한 심플하게 제작

↓

메뉴 구성하기

미국식 팬케이크 브런치가 메인메뉴
프렌치토스트 세트, 샐러드 2종, 음료로 최대한 심플하게 구성

↓

가격, 운영방식

오전과 점심만 운영하고 대학로 대학생과 근처 오피스직장인 및 유입인구 상대로
가볍게 오전, 점심식사 비용으로 책정(6000~8000원), 음료도 음식구매 시 1000
원 할인이 되고 (2000~3500원) 책정

↓

레시피 개발

기존의 미국식 팬케이크 맛집 2곳, 홍대와 한남동 브런치 맛집 2곳 등 5곳의 팬케
이크 브런치를 먹어 보고, 인터넷 및 블로거에 올린 팬케이크 레시피 참고해서 레
시피 연구(약 2개월 소요)

↓

인테리어

기존 매장 철거 및 집기 정리 후 주방 및 홀 인테리어 셀프로 제작(약 1개월 소요)

인테리어로 희망하는 콘셉트(매장 돌아다니면서 찍은 사진)

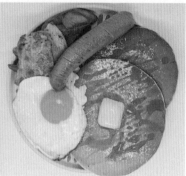

유명한 팬케이크매장 음식 사진 → 개발한 팬케이크 음식 사진

기존 매장 철거 및 인테리어 진행

매장 인테리어 마무리

기존 매장 전경   새로 리뉴얼한 매장 전경

프랜차이즈 매장 하기
(하나부터 열까지 돈 다 쓰기)

———

쉽게 말해 프랜차이즈는 잘 차려진 한정식 한상입니다. 다양한 음식들이 나와서 누구나 좋아할 수 있고 고급스럽게 만족할 만한 결과를 가져오기 마련이죠. 그만큼의 자본을 지출해야 합니다. 그럼 처음부터 끝까지 알려 주고 만들어 주고 결과물도 초기에는 바로 나옵니다. 아주 좋죠? 저도 프랜차이즈 창업이 나쁘지 않다고 생각합니다.

그런데 왜 프랜차이즈 매장을 긍정적으로만 보지 않을까요? 그 이유는 돈이 너무 많이 들어가기 때문입니다. 그리고 다양한 갑질이 존재하기도 하구요. 신생 브랜드들도 가맹비, 교육비, 인테리어 비용으로 꽤 많은 돈이 지출됩니다. 입지여건이 좋은 곳으로 상가를 얻으라고 종용하기 때문에 권리금과 월세 부담이 상당합니다.

입지가 좋지 않은 공간에 적은 비용이 드는 프랜차이즈 가맹업체가 있다면 초기에 가맹점 확보를 위한 업체이거나 장사가 신통히 않은 곳일 확률이 많습니다.

그러나 가맹을 받아서 장사가 잘되기만 하면 많은 권리금을 받고 명의이전으로 수입이 생기고 본사에서 지속적인 관리를 해 주기에 운영이 훨씬 쉽습니다.

뉴스기사에서 프랜차이즈 갑질이라는 이야기 들어보셨을 겁니다. 식자재나 가맹재계약, 출점거리, 정기적 인테리어 요구 등 다소 민감한 문제들을 야기시키기 때문에 잘되고 있는 매장이라도 무조건 행복한 것만 아닙니다. 어떤 경우는 가맹본사가 없어지는 경우가 생기기도 합니다.

그래서 다들 프랜차이즈 가맹을 하는 건 자본으로 노력과 시간을 산다고들 이야기합니다. 비용만 아낀다고 개인 매장을 해야 할까요? 당연히 그런 건 아닙니다. 개인 매장은 자기만의 개성을 극대화할 수 있는 업종이나 메뉴구성, 인테리어 등 소비자의 요구를 다양하게 충족시킬 수 있는 장점이 있습니다.

소비자들도 프렌차이즈 매장을 많이 이용합니다. 기본은 하니까요. 크게 고민하지 않아도 어떤 메뉴, 맛, 가격인지 알고 있고, 본사에서 관리하니까 크게 걱정하지 않고 소비하게 됩니다. 그러나 요즘은 대부분 프랜차이즈 매장이 많다 보니까 오히려 독특하고 다양한 형태의 개인 매장을 찾는 고객들도 늘어나고 있습니다.

무슨 길 무슨 길이라고 생기는 골목에 있는 매장들은 개인이 꾸려 낸 다양한 형태의 개성 가득한 매장들이죠. 그만큼 수요가 생겼습니다. 그리고 시대가 빠르게 변하고 있습니다. 유행에 따라 먹는 거 입는 것 등이 빠르게 변하고 있습니다. 프랜차이즈 매장보단 개인 매장은 임기응변에 대처하기도 쉽습니다.

프랜차이즈 창업 vs 개인 매장 창업(10평 기준 외식업 창업)

	프랜차이즈	개인점포
투자 비용	보증금, 권리금 제외 5000만 원~1억 원	보증금, 권리금 제외 2000~4000만 원
위험성	실패확률 낮다	실패확률 높다
운영 난이도	낮다	높다
개발	운영 노하우, 레시피 전수	개인 전수 및 개발
입지	본사의 지원을 받을 수 있다	직접 찾아보거나 부동산 이용
수익	투자금 대비 낮다	운영에 따라 편차가 크다
콘셉트 기획	필요 없다	필요하다
누가 해야 하나	- 창업자금이 충분한 사람 - 자본만으로 투잡창업을 원하는 사람 - 매장을 여러 개 운영하는 사람	- 자본이 충분하지 않는 소자본창업 희망자 - 기획과 콘셉트가 확실한 사람

본죽 창업 비용 (vat 제외)

(단위 : 천원)

항목	10평(33.1m²)	비고
가맹비/교육비/개점 점검비	15,000	최초 1회 납부(교육비 포함)
계약이행 보증금	3,000	계약 종료 시 환불(부가세 없음)
인쇄, 홍보물	1,800	-
주방설비	8,500	-
집기비품	2,900	-
간판/와이드	7,500	매장 전면 크기에 따라 변동
의자/테이블	3,200	매장 면적에 따라 변동
POS 설비	1,600	-
인테리어	19,000	기존 시설물 철거비용 별도
로열티	3,000	1년 단위
합계	65,500	부가세 별도

· 위 사항은 점포에 따라 변동될 수 있음
  서울, 수도권 이외의 지역은 일부 추가비용이 발생할 수 있음
· 외부공사, 철거/건물개보수공사, 전기승압 및 분전함, 가스 가설공사, 소방설비, 식기세척기/정수기, 냉난방기구/오디오구입, 외부상하수도 등에 해당하는 추가공사비용은
  별도이며, 필요에 따라 발생할 수 있음

프랜차이즈 매장 창업비용

〈출처: 본죽〉

가맹점 개설 비용

단위: 만원 / VAT 별도

구분	세부내용	금액
가맹비	상표 사용권 / 영업표지 사용권	700
계약이행보증금	보증보험 증권 대체 가능 (오픈 전 증서 발급 기준)	-
교육비	개업 시 교육 / 정기교육 (오픈 이후, 추가교육 비용 없음)	300
홍보비	SNS 채널 광고·홍보 비용 외 각종 판촉 비용	250
기계 집기비용	*샌드위치 line 급속오븐기, 컨베이어 오븐기, 오픈 테이블, 냉장고, 토스터기 등 *음료 line 커피머신기 / 그라인더 외 커피집기일체, 블렌더, 제빙기, 테이블 냉장고 등합 *주방 line 양문형 냉장 / 냉동고 외 각 종 선반, 작업대, 씽크, 수납장, 주방집기류 기자재 등 *홀 line 오픈 쇼케이스 / POS 및 이동식단말기 / 음향장비 등	3,850
인테리어	1. 감리 공사 시 　15평 이하 300만원 　15평 이상 500만원 2. 내부 인테리어 공사 10평 기준 3. 10평 이상 공사 시, 평 당 200만원 추가	2,500
SIGN	외부 전면 간판 외 각종 그래픽 시트, 어닝, 현수막 등	500
가구	의탁자 / 붙박이 가죽시트 등 (우드슬랩 테이블 별도) *15평 이상 시 150~200만원 추가	400
총계	*전기 증설, 간선 공사 별도 *철거 및 냉난방기 별도 *매장 규모, 형태 외 입점 건물의 공사 규정 / 여건에 따라 일부 공사비용 등이 추가 될 수 있습니다.	8,500

프랜차이즈 매장 창업비용

〈출처: 죠샌드위치〉

7

매장을
구해야 하는데

좋은 매장을 구해야 한다. 임대료도 저렴하고 권리금도 낮거나 없고, 위치도 괜찮은 매장. 너무도 막연하고 어려운 이야기다. 부동산은 평생 제대로 가 본 적 없는 곳이다. 어떻게 하면 내가 원하는 매장을 구할 수 있을까? 쉽지 않은 매장 구하는 이야기를 해 보겠습니다.

매장은 볼수록 안목이 넓어진다

———

어떤 창업지침 서적이든 "좋은 매장을 구하려면 발품을 팔아라." "부동산 사장님과 친해질 정도로 자주 가라." 등 이런 이야기는 많이 들었을 것이다. 당연한 이야기입니다. 가장 기본이 되는 이야기지만 사실 어려운 이야기입니다. 조금 더 쉽게 접근해 봅시다.

보통 부동산에 가면 매장 구하러 왔다고 하면 어떤 거 알아보러 오셨나요? 월세 얼마를 원하십니까? 평수는 어느 정도를 원하시나요? 등 구체적인 가격과 평수를 물어봅니다. 그래야 부동산 중개업자도 고객이 원하는 물건을 찾아 줄 수 있기 때문입니다. 그러나 이렇게 접근하면 매장을 많이 볼 수 없습니다. 너무 한정된 매장으로 전체적인 상권과 입지 파악이 어렵게 됩니다. 우린 창업전문가가 아니기에 내가 원하는 사이즈 매장 몇 개를 보고 좋은 입지인지 좋은 매장인지 파악하긴 힘들기 때문입니다.

내가 원하는 업종 국수집, 평수 7~15평 보증금 1000~2000만 원 월세 70~120만 원, 권리금 0~3000만 원 정도의 범위라고 이야기하면서 부동산에 매물 보여 달라고 하면 안 됩니다. 유동성 있게 이야기를 하서야 합니다. 아직 업종은 국수집, 라면집, 디저트가게 정도고, 보증금 1000~5000만 원, 권리금 0~5000만 원, 월세 70~200만 원, 평수는 5~25 평 정도로 범위를 넓게 잡고 이야기를 합니다.

보고 또 봅니다. 작은 매장, 큰 매장, 비싼 매장, 저렴한 매장, 좋은 상권, 안 좋은 상권, 대박 가게, 쪽박 가게 등 매장이 나온 가게는 다 봅시다. 그래야 비교가 되고 비교가 되어야 좋은 매장인지 안 좋은 매장인지 조금은 알게 될 것입니다.

처음부터 내 패를 까고 내가 볼 수 있는 걸 국한시킬 필요는 없습니다. 이것저것 많이 본다고 선택의 폭이 넓어지는 것도 아닌데 왜 다양하게 많이 봐야 할까요?

전체 상권과 입지를 파악하기 위해서입니다. 또한 실제로 기존매장을 승계하는 매장들은 매출 정보도 공유할 수 있어서 매장규모 대비 상권 매출의 규모도 구체적으로 알 수 있어서 원하는 상권 매출비교까지 가능합니다.

매장을 보러 다니다 보면 내가 하고 싶은 업종은 아니지만 여기에 하면 괜찮은 업종도 눈에 보이기 시작합니다. 반대로 내가 원하는 입지는 아니지만 준비하던 업종이 잘 맞을 거 같은 매장도 보입니다. 이처럼 다방면으로 매장을 보고 관찰하면 내가 하려던 업종이나 다른 업종 등 한쪽으로 몰린 시선을 넓힐 수 있고, 매장을 보는 여유도 생깁니다.

상권은 볼수록 욕심이 난다

———

어디서 창업하고 싶으신가요? 내가 사는 동네 아님 사람들이 많이 오는 홍대, 강남 등 당연히 자금 규모와 내가 선택한 업종, 아이템 등에 따라 다르겠지만 매장을 보다 보면 사람들이 몰리는 상권에 자꾸 눈이 가게 됩니다. 당연합니다. 장사란 사람들이 많은 곳에 해야 하는 거니까요. 처음에는 동네 작은 가게를 얻어서 부담 없이 창업을 해 볼까 하다가 점점 눈을 높여 좀 더 좋은 상권에서 장사하고 싶은 욕심이 생기게 마련입니다.

좋은 상권이 좋은 것만 아닙니다.

1. 경쟁이 더욱 치열하다.
2. 창업 비용이 많이 든다.
3. 전문가들이 많다.

제가 최근에 공감하면서 본 광고가 있습니다. 헤이딜러라는 앱광고인데 친구 3명이 자동차 사는 애기를 하는데요. 모닝을 사려는 사회초년생 친구에게 옆에 있는 친구가 그거 살 바에는 조금 보태 이거, 이것 살 바에는 조금 보태 그거, 그러다 결국 외제차까지 애기하는 웃픈 광고인데요.

사실 매장도 보다 보면 눈이 높아집니다. 그건 내가 좋은 입지와 좋은 상권에서 창업을 하면 성공할 확률이 높을 거란 기대감 때문입니다. 그리고 조금 더 좋은 곳에서 시작해서 남들보기에도 좋아 보이고, 더욱 잘될 거란 기대도 생기게 때문입니다. 그러나 비용의 부담과 실패했을 때 여파가 훨씬 크게 생기게 됩니다.

그리고 좋은 상권 좋은 매장은 충분한 자금과 풍부한 경험이 있어야 성공가능성이 높습니다. 상권에 욕심을 부리시면 안 됩니다. 많은 비용과 부담이 따릅니다.

가장 중요한 건 오직 상권만 믿고 장사하게 됩니다. 그러다 더 중요한 걸 놓칠 수 있습니다. '이 자리에서 닭만 그냥 튀겨도 돈 번다.'라는 단순한 생각만 하실 수도 있습니다.

〈출처: 헤이딜러 광고〉

모든 매체를 통해 알아보자

———

매장을 알아보려면 어디를 가야 할까요? 매장을 구하려는 위치의 부동산을 가면 됩니다. 저희는 임대료 싸고 권리금도 저렴하면서 입지도 좋은 매장을 찾고 있습니다.

그러려면 남들과 같이 부동산만 다닌다고 좋은 매장을 구할 수 있을까요? 부동산 사장님을 저희만 잘 봐 주셔서 좋은 매장을 먼저 소개시켜 주실까요?

아닙니다. 그렇지 않습니다. 직접 남들이 보지 못한 매장을 찾아야 합니다. "모든 매체를 총 동원하십시오." 부동산 매장, 온라인 사이트, 부동산중계 앱, 벼룩시장, 온라인 카페, 매장에 직접 붙은 임대문의 등 다양한 매체와 커뮤니티를 보십시오. 의외로 다양한 곳에서 다양한 매물이 나옵니다.

〈출처: 벼룩시장, 네모, 피터팬 네이버 카페〉

8

인테리어 넌 뭐니?

업종도 정했고 매장도 구했다면 인테리어를 생각해야 합니다. 근데 이거 참 말도 많고 탈도 많은 분야입니다. 어찌 보면 가장 신경을 많이 써야 하는 부분이지만 그만큼 돈도 대책 없이 들어갈 수 있기에 하나부터 열까지 꼼꼼히 잘 따져 봐야 합니다.

인테리어는 어떻게 하고 얼마에 해야 할까요? 매장 종류와 콘셉트 등에 따라 금액을 결정해야 할 거라 생각합니다. 가장 중요한 게 있습니다. 인테리어 비용을 정말 아껴야 한다는 겁니다. 창업의 실패 때 회수가 가장 안 되는 부분이 인테리어 비용이기 때문입니다.

그렇다고 허접하게 하라는 얘기는 아닙니다. 최대한 잘 나오면서도 아껴야 한다는 이야기입니다. 인테리어를 아무리 아끼고 아낀다고 본인이 다 할 수 없고 업체를 통하다 보면 비용이 들어갈 수밖에 없습니다. 이러다가 골병들어 '나 죽네~' 하시는 분들 여러 명 보았고 저 또한 셀프 인테리어 하면서 무수히 많은 스트레스를 받아 본 경험이 있습니다.

혹자는 이렇게 이야기합니다. 인테리어 비용 아끼는 것 같지만 셀프 인테리어로 하거나 따로 개별 견적 내어 진행하다 보면 공사기간이 늘어나고 그만큼 임대료지출이 늘어나며 인테리어 업체를 통해 빠른 진행으로 오픈을 빨리 한다면 매출을 일으켜서 더 효과적일 수 있다고 합니다.

당연히 맞는 이야기입니다. 그러나 오픈과 동시에 매출이 좋게 일어

난다는 보장이 없고 소자본 창업은 임대료가 대부분 백만 원 이하 매장이라 오픈 일정이 늘어나서 월세 부담이 되는 것보다 인테리어 비용 아끼는 게 더 크다고 생각됩니다. 그리고 제일 중요한 건 인테리어에 관여하므로 매장을 운영하면서 생기는 하자 및 유지 보수에 훨씬 능동적으로 대처하면서 비용절감을 할 수 있기에 좋습니다.

철거도 모르면서 인테리어라니

━━━

인테리어의 시작은 철거부터입니다. 제일 먼저 해야 하는 부분입니다. 기존 매장에 인테리어를 그대로 쓰더라도 부분적으로 바꿔야 될 부분이 있고, 아니면 전체적으로 바꿔야 된다면 철거부터 해야 합니다. 철거는 사실 골치 아픈 작업 중에 하나입니다. 우선 소음이 많이 발생하고, 위험합니다. 그리고 어디서부터 어디까지 철거해야 하는지 정확히 알기 어렵습니다.

철거의 시작은 버리는 겁니다. 다 못 쓰는 것들이니까 뜯어서 버리든 그냥 버리든 버려야 합니다. 근데 이게 재활용이 가능한 제품이 있다면 파는 게 좋습니다. 의자, 테이블, 주방용품 등 집기류 등은 중고업체나 개인 직거래 중고사이트에서 저렴하게 파세요. 사용만 가능하다면 다 팔 수 있습니다. 아주 저렴하게 팔거나 무료나눔을 하십시오. 버리려고 비용 쓰는 것보단 이득입니다.

1차로 다 팔고 남은 것 중에 재사용이 안 되는 것들이 있겠죠. 이런 건 대형폐기물 신고 후 버리세요. (각 지자체 홈페이지 참고) 훨씬 저렴하게 처리 가능합니다. 3인 소파 하나 8000원, 1인 의자 3000원 정도니까요. 웬만한 쓸모없는 집기류는 이렇게 정리하시면 실제로 벽이나 바닥에 붙어 있는 시설만 철거로 하면 됩니다. 혹시나 대형폐가전은 무료로 수거가 가능하니까 참고하세요. (www.edtd.co.kr)

왜 이렇게 미리 버리거나 정리해야 할까요? 당연히 철거비용 줄이기 위해서입니다. 실제로 철거는 철거인건비와 폐기물 처리비로 나누어집니다. 폐기물 처리비는 트럭용량에 비례해서 계산되는데요. 보통 1톤 트럭 한 대 분량의 폐기물은 약 20만 원이라고 하면 그중에 재활용이 가능한 폐기물까지 들어가다 보면 용량이 늘어나서 폐기물처리비용이 늘어나게 됩니다. 그리고 인건비입니다. 보통 부수고 뜯고 옮기고 싣는 등의 일을 하는 철거인력비인데요. 부수고 뜯고 이런 것만 할 수 있게 하면 최소 인력만 필요하게 됩니다. 웬만한 쓸모 있는 집기류도 그분들은 고철이나 폐기물 정도로 여기는 경우가 많습니다. 본인들이 팔기도 애매하고 바로 부셔서 버리는 게 빠르니까요. 이렇게 그분들이 철거를 하면 그만큼의 인건비 상승이 되어 버립니다.

대략 집기류 정리와 비품비우기를 하셨다면 철거업체 견적을 받으십시오. 이렇게 대략 정리하고 업체를 불러야 제대로 된 견적을 내어 줍니다. 업체마다 가격이 많이 상이한 경우가 많습니다. 여기서 핵심은 하루이틀이냐, 몇 명이 와서 철거를 해야 하느냐 차이입니다.

10평 기준 철거비는 50만 원에서 200만 원 사이고요. 실제로 뜯거나 부셔야 하는 게 아니라면 위에 말씀드린 대로 집기류 정리만 해도 철거업체 부르지 않으셔도 되는 경우도 있습니다. 그리고 목재나 석고보드 등 버리기 힘든 폐기물 등은 폐기물종량제에 담아서 버리면 되니까 양이 많지 않다면 도전해 볼 만합니다.

10평 기준 매장 철거

전체철거 견적 시	부분철거 견적 시	셀프철거 시
100~150만 원	- 폐기물신고 스티커 10장(5만 원) - 부분철거(50~100만 원)	- 폐기물신고 스티커 10장(5만 원) - 폐기물종량제 봉투(50L) 20장 (10만 원)

폐가전 무료수거사이트(www.edtd.co.kr)

매장 벽면 철거모습

인테리어 콘셉트는 무조건 정해 놓자

———

여러분이 인테리어를 어떻게 할지 고민하는 동안 가장 큰 실수를 저지르는 것이 있습니다. 그건 바로 디자인 및 콘셉트잡기입니다. 나는 꽝손에 안목도 없어서 그리고 전문가들은 다를 거라는 기대로 인테리어 업체에게 전체적으로 맡깁니다.

사실 인테리어 디자인은 전문가들이 훨씬 다양한 아이디어와 생각하지 못한 아이템으로 여러분들의 마음에 충분히 어필할 수 있습니다. 문제는 비용입니다. 이미 디자인비용이 인테리어비용의 20~30%가 지출된다고 봐야 합니다. 사실 여기서 인테리어 비용이 많이 상승한다고 봐야 합니다.

그래서 10평 내외의 소자본창업을 꿈꾼다면 여러분이 원하는 콘셉트와 인테리어는 직접 정해야 합니다. 업종과 콘셉트는 이미 상가계약 때부터 정했을 테니 본인이 하고 싶은 매장과 유사한 매장이나 인테리어가 잘된 가게와 콘셉트 자료를 꾸준히 수집하십시오. 사진을 찍어 놓거나 괜찮은 소품 및 아이템은 미리 검색해 두면 좋습니다.

이렇게 본인 매장에 적용할 인테리어 디자인을 정해 두면 디자인의뢰보다 시공과 실무에 바로 들어갈 수 있어서 비용을 아낄 수 있습니다.

고민해 볼 디자인 세부사항

벽면 컬러, 소재	페인트, 벽지, 목재 등
바닥재 소재 및 컬러	데코타일, 타일, 원목마루
주방 형태	오픈키친, 독립키친
조명 형태	간접등, 직접등, 레일조명 등
문소재 및 컬러	유리도어, 나무도어, 프레임도어

콘셉트를 잡기 위한 매장사진들

인테리어는 인건비 싸움

인테리어는 창업이 아니더라도 경험할 일이 많습니다. 바로 주거하는 집입니다. 보통 새로운 집에 이사를 가게 되면 인테리어를 새롭게 하게 됩니다. 이럴 때도 인테리어를 많이 알아보시는데요. 요즘 셀프인테리어를 하시는 분들이 많아지고 그걸 SNS나 유튜브에 공유하시는 분들이 많습니다. 왜 그럴까요?

바로 전문목수나 기술자들의 인건비가 높아서 인테리어비용이 부담스러워지고 셀프 인테리어 제품과 장비들이 초보자들이 하기에 좋은 제품들이 많아졌기 때문입니다. 그만큼 셀프인테리어 규모도 커지고 있습니다.

그렇다면 매장에도 적용해 보면 어떨까요? 충분히 가능합니다. 소품과 다양한 장비들로 충분히 인테리어의 많은 부분을 해결할 수 있습니다.

전체적으로 디자인 및 콘셉트 등이 정해졌다면 개별업체를 따로 불러 시공하는 방법도 좋습니다. 대부분 인테리어 업체가 디자인과 각각의 업체를 선정해 시공하고 일정을 조율하는 일로 전체 견적의 30~40%는 가져간다고 보시면 됩니다. 그래서 본인이 인테리어 콘셉트를 정하고 각각의 업체를 잘 선정하면 전체 견적에서 30~40%는 절약할 수 있습니다. 요즘 인기통(까페), 크몽, 숨소 등 P2P 소개업체들이 각각의 개별 업체에서 견적을 받고 시공을 맡길 수 있어서 훨씬 많은 정보공유 및 안전한 시공이 가능합니다.

인테리어 예상 공사비용(단위: 만 원)

품목	최대지출 비용	절약방법 비용	품목	최대지출 비용	절약방법 비용
철거	150	100	도장	80	20
수도	200	150	창문, 문	100	70
전기	100	70	바닥(데코타일)	40	10
타일(벽, 바닥)	200	140	덕트	100	80
목공	400	300	간판, 어닝	150	80
조명	100	50			

분야별 선정방법 및 세이브방법

분야	공사 내용	절약방법
목공	목공작업은 인테리어 기초공사(가벽세우기, 벽체마감, 나무로 된 모든 작업)	- 목수섭외, 공사 필요자재 요청 - 자재업체에 직접 수주, - 목수공사기간 일당으로 계산
수도	기존 주방시설 위치 변경이나 새로운 주방시설 공사 시 상수도 및 하수도 공사	최대한 기존 수도설비 사용할 수 있게 주방배치
전기	조명의 위치, 콘센트, 스위치 시공 및 전기용량에 따른 배전함 교체	- 작은 평수 10평 기준 2인이 하루 가능한 업체인지 확인 후 세부견적서 확인 후 시공 - 전기공사는 자재비가 많이 들지 않아서 인건비가 잘 적용되어 있는지 견적서 확인

창문, 문	기존의 창문과 문을 교체하거나 새로운 곳에 문을 설치	- 가급적 창문과 문의 소재를 통일 시켜 한곳에서 시공이 가능하도록 설계 - 문만 전문으로 하는 업체 선정 - 간혹 창문과 문을 나무문으로 진행할 경우 목공작업 때 추가로 산정하면 절약 가능
덕트	주방환기시설로 요리를 만들어야 하는 매장은 덕트를 통해 음식 연기를 옥상이나 주변에 피해가 가지 않는 높이까지 시공	- 기존 덕트를 활용할 수 있으면 환기구 청소 등으로 해결 - 새로 설치할 경우 덕트전문 업체 선정
간판 어닝	간판과 어닝은 외부에 설치하는 작업이라 1층이나 아니냐에 따라 공사비용차기가 크다	간판과 어닝만 제작해 주는 업체선정 후 제작된 간판과 어닝만 직접 달거나 전기업체나 목수한테 비용을 조금 추가하고 설치요청
조명	홀과 주방에 조명 설치	본인이 원하는 스타일 조명 구입하고 전기공사할 때 미리 위치와 개수를 요청해서 전기작업이 마무리되면 조명만 파는 업체에서 추가비용에 조명도 달아 준다. 그리고 조명은 셀프작업 난이도가 낮아서 가능하다.
도장	내, 외벽이나 천장 등을 도색을 하는 작업	매장들은 대부분 도색을 진행한다. 이 부분은 가장 셀프 인테리어가 가능한 부분이라 직접 도전해 본다면 자재비만으로 충분하다. 그리고 도색에 관한 자재들이 좋아서 전문가적인 효과를 낼 수 있다.
바닥 (데코타일)	가장 많이 하는 바닥재이다. 청소가 용이하고 시공이 빠르다.	셀프로 진행이 가능하다. 시공업체가 20평 기준이라 10평 시공비가 다소 높게 측정된다.

좋은 업체 선정하는 노파심 Tip

1. 시공경험이 많은 업체(사진이나 후기글)

2. 소비자와 소통이 잘 해 주시는 업체(이야기 많이 들어 주려는 업체)

3. 한 분야만 하는 업체(바닥, 타일, 목공, 간판 등 특정 분야만 시공하는 업체. 종합 인테리어는 지양)

4. 견적을 디테일하게 주는 업체(인건비, 자재비, 마진율 등 세부사항이 견적서에 나오는 업체)

인테리어에 목숨 걸지 마라

인테리어에 돈을 많이 쓰든 쓰지 않든 신경을 너무 쓰지 마십시오. 창업을 하는 데 인테리어에 거의 모든 걸 쏟아붓는 경우가 종종 있습니다. 소자본 창업이라면 더욱 그러지 않는 게 좋습니다.

창업은 보통 잘되면 2년의 고비가 있습니다. 어쩌면 6개월 안에 장사가 판가름이 나기도 합니다. 6개월 안에 판가름이 나는 창업에서 인테리어가 매장의 성공에 얼마만큼의 영향을 줄까요? 대략 20~30%가 차지한다면 나머지는 어떤 게 있을까요?음식점을 예로 들면 메뉴구성, 맛, 가격, 위치, 서비스, 콘셉트 등이 있을 겁니다.

사실 인테리어가 엉망이어도 맛집이거나 가격대비 좋은 음식을 팔고 있다면 손님이 옵니다. 그러나 인테리어가 너무 좋고 인스타 하기에는 너무 좋은 콘셉트의 매장인데 맛이 없고 가격이 비싸다면 어떻게 될까요?

인테리어는 기본적인 맛과 구성, 가격에 날개를 달아야 하는 요소입니다. 시너지를 내는 겁니다. 그러기에 중요하지만 목숨 걸어야 하는 분야는 아닙니다. 그걸 본인이 어느 정도 관여해야 하는 분야라면 더더욱 말입니다.

〈셀프인테리어로 작업한 매장〉

싱크대 상판 제작

붙박이 테이블 제작

기존 싱크대 철거 및 벽타일 공사

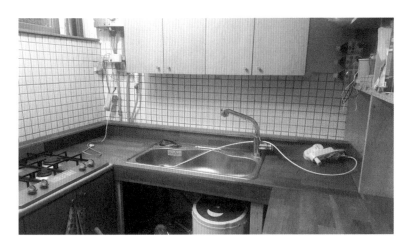

주방공사 마무리

9

사장님 되기

여러분은 소자본으로 매장도 얻고 업종도 결정해서 인테리어도 끝냈고, 메뉴개발까지 완성했습니다. 이제부터 장사를 시작해야 됩니다.

　사장님이 되려면 우선 모든 걸 다 할 줄 알아야 한다는 이야기 들어 보셨을 겁니다. 그렇지만 요즘같이 분업이 잘되어 있는 시대에 맞지 않는 말입니다. 평생 그렇게 할 필요는 없지만 창업초기라면 다 할 줄 알아야 한다는 겁니다. 왜냐하면 비용을 줄이고 일의 진행을 다 파악하기 위해서입니다.

　우리는 창업을 준비하면서 철거부터 인테리어까지 어느 정도 참여하셨다면 막상 매장을 오픈하고 나면 뭐가 좋을까요? 유지 보수에 걱정하실 필요가 없습니다. 대부분 매장은 오픈하고 6개월 정도 지나면 유지보수 할 일이 생기거나 구조변경에 대한 고민을 하게 됩니다. 그럴 때 어떻게 해야 할까요? 인테리어 업체를 다시 부르거나 참고 계속 하는 경우가 있습니다. 왜냐하면 비용이 많이 들어가기 때문입니다.

　그러나 여러분은 인테리어도 어느 정도 직접 하셨고 업체별로 선정하셔서 그 업체를 바로 불러 부분 보수하면 비용이 많이 들어가지 않습니다. 그리고 약간의 구조변경도 수월하게 할 수 있습니다. 이렇게 직접 경험해 본 일들이 나중에 필요할 때 쉽게 진행할 수 있습니다.

　이제부터 진정한 사장님이 되기 위해 필요한 것들을 알아보겠습니다.

하나부터 열까지 다 해라
(매장 일부터 세무에서 광고까지)

———

1. 매장을 직접 운영하셔야 합니다.

주방부터 서빙까지 직접 음식도 만들고 주문도 받고, 서빙도 하고 계산도 하는 겁니다. 이건 너무나 당연한 거라 대부분 소자본 창업자들은 다 하실 겁니다.

2. 세무회계셀프

세무회계를 통해 빠져나가는 돈이 없는지도 확인하고 세금 내는 비용을 최대한 줄일 수 있습니다. 대부분 세무기장 등을 맡아 주는 세무회계사에 월 비용을 주고 맡기게 됩니다. 처음부터 맡기기보다는 홈텍스를 통해 도전해 보세요. 홈텍스와 친해지십시오.

창업초기에는 인테리어, 집기 등으로 구매한 매입이 많기 때문에 세금을 낼 확률이 높지 않기 때문입니다. 세무기장을 맡기면 개인사업자 경우 월 기장료만 5~10만 원은 고정비용으로 지출되기 때문에 장사초기에는 부담이 됩니다. 조금 더 노력하셔서 종합소득세까지 셀프신고하신다면 훨씬 좋습니다.

3. 방역도 요즘 업체를 통해 많이들 하고 계십니다.

특히나 요식업체들은 위생관리에 더욱 신경 써야 합니다. 코로나19로 인한 방역까지 신경 써야 하니까요. 그렇다고 당연히 방역, 소독업체를 선정해서 관리받기에는 월 비용이 부담되는 건 어쩔 수 없습니다. 위생과 소독의 기본은 청결에서 나옵니다. 여러분이 매장을 마감하고 기본청소, 주 단위 청소, 월 단위 청소를 잘 계획하고 실천한다면 방역, 소독업체를 부르지 않고도 충분히 위생이 청결한 상태를 유지할 수 있습니다.

그리고 소독은 락스물(락스 1:물 200 희석)이나 알콜로 매장 구석구석 닦기. 해충방역은 간단한 해충퇴치장치나 해충퇴치약들로 관리가 가능합니다.

첫째도 청결 둘째도 청결만 유지 하신다면 해결될 일입니다.

4. 매장 부분변경 및 보수

오픈하고 6개월 전후로 부분변경 및 보수 등 필요합니다. 공간의 불편함, 손님의 불편함, 직원들의 불편함 등을 개선해야 할 것들이 생깁니다. 조금의 보수로 좀 더 효율적인 공간 활용도 보이실 겁니다. 전체적인 유지보수는 새로 인테리어 한 지 1년도 되지 않은 매장에 비용을 들여서 공사를 한다는 것은 부담될 수 있습니다. 그렇지만 부분유지보수는 충분히 적은 비용을 하실 수 있습니다.

기존의 공사한 업체에게 이런저런 부분 보수공사를 추가로 요청한다든지 시설집기 등을 이동하거나 재배치로 가능하다면 최대한 효과를 볼 수 있습니다.

5. 재료자재 및 비품구입

매장에 다양한 자재 및 비품이 필요합니다. 어디서 고정으로 납품을 받거나 직접 부분부분 인터넷 또는 오프라인 매장에서 구입합니다. 재료비가 지출구조에서 가장 많은 부분을 차지합니다.

그러므로 재료구입이나 비품구입 등은 항상 저렴하고 좋은 상품이 없는지 기존의 납품받는 업체라고 믿지만 마시고 다른 업체에 비교견적도 하시고 대량구매 등을 통한 절약방법이나 온라인구매 등을 통한 방법 등 항상 고민하셔야 합니다.

6. 광고

광고를 직접 하실 필요는 없습니다. 소소하게 가능한 온라인 마케팅 정도 하실 수 있으면 좋습니다. 그렇다면 어떻게 해야 할까요? 어떤 광고가 효과가 있는지, 비용이 얼마인지. 나의 매장에 맞는 광고는 어떤 게 있는지 등은 알아보시고 상담도 받으시고 비교해 보셔야 합니다. 광고비는 생각보다 많이 지출될 수 있습니다. 그만큼 효과가 좋다면 비용지출이 부담이 안 되겠지만 효과가 있는지 확인하는 것도 단순히 매출로 확인이 아니라 손님들의 연령대나 방문객수, 요일별 매출변화 등 광고가 미친 영향을 꼼꼼히 확인하셔야 합니다.

7. 직원관리

단순히 알바나 직원을 잘 채용하는 것에서 잘 적응하고 일할 수 있도록 고민하셔야 합니다. 연령, 성별, 성격 등에 따라 직원들의 성향도 파악해야 하고 일을 잘 하도록 조력도 필요합니다. 유연한 근무시간조절 및 근무자 현황파악도 중요합니다.

국세청홈텍스 홈페이지 → 셀프 세무의 핵심

분야	방법
주방, 서빙	직접 근무(최소 6개월)
세무회계	부가가치세 신고 원천세 신고 신용카드 등록
방역, 소독	정기적인 매장청소 월 단위
매장 부분변경 및 부분보수	부분업체 요청 시설집기 재배치
직원관리	근무시간 유연성 근무효율 고민 직원현황 파악
광고	간단한 온라인홍보 직접진행 다양한 업체 미팅, 견적 광고효과 분석
재료 및 비품구입	기존납품업체 비교(정기적) 온라인 구입, 오프라인 구입 가격 비교

국세청홈텍스 홈페이지 → 셀프 세무의 핵심

알바 구하기 하늘의 별따기

―――

우리는 남들 밑에서 월급을 받거나 알바를 해 본 적은 있지만 돈 주고 일을 시켜 본 경험은 많지 않습니다. 어찌 보면 누군가를 고용하고 급여를 주는 건 멋진 일이지만 마냥 행복하지는 않습니다. 예전 다니던 회사 사장님의 마음을 아주 조금은 이해할 수도 있습니다.

우선 최저시급이 많이 올랐습니다. 2020년 기준 8590원입니다.

주휴수당(주 15시간 이상 근무자)을 포함하면 대략 시급 만 원 정도 됩니다. 그만큼 알바 자리도 많이 줄어들어서 알바모집공고에 지원자들이 많습니다.

많은 지원자들 중에서 좋은 알바를 한눈에 알아볼 수 있을까요? 처음부터 좋은 알바를 선별하기는 어렵습니다. 회사취업 때문에 면접을 많이 보러 다니면 면접관 스타일이나 회사 스타일에 따라 어떻게 대처해야 되는지를 알게 되는 것처럼 역으로 알바면접도 볼수록 좋은 인재를 선별하는 능력이 키워집니다.

1. 이력서를 봅니다. 다양한 알바경험이 있는 친구보다 본인의 업종과 관련된 곳에서 일했는지 확인합니다.

2. 근무기간을 확인합니다. 만약 알바의 근속기간이 3개월이 채 되지 않는다면 이직이 잦거나 오래 일하지 않는다는 이야기입니다. 1년 이상 일한 곳이 많다면 쉽게 그만두지 않고 장기근무를 할 확률이 높습니다.

3. 왜 우리 매장에 지원했는지 확인해야 합니다. 집 근처이거나 학교와 가깝다거나 본인이 평소에 좋아하는 업종 등이 무엇인지 확인합니다.

4. 아르바이트의 이력서만 믿지 마십시오. 혹여나 경력과 조금 다르게 작성될 수도 있어서 이력서만 맹신하시면 안 됩니다. 대화를 통해 그분들을 면밀히 관찰하십시오.

5. 시급을 최저시급보다 500~1000원 정도 높게 공고를 합니다. 인건비를 늘리기 힘드시면 근무시간을 한 시간 줄이더라도 시급을 인상하면 사장님이 원하는 시간대와 요일근무자를 구하기 훨씬 쉽습니다. 같은 업무강도라면 시급이 높으면 지원자가 많아집니다. 단 모자라는 시간은 다른 근무자나 사장님의 업무강도는 조금 올라갈 수 있습니다.

알바도 워라밸을 원한다(스케줄 조절)

―――

알바는 정직원이 아닙니다. 한평생 목숨 바쳐 일하지 않는다는 이야기입니다. 특히나 일 잘하고 능력 있는 알바는 더욱 그렇습니다. 다른 곳에 언제든 갈 수 있으니까요. 그러면 좋은 알바와 오랫동안 함께하려면 어떻게 해야 할까요? 기본적으로 복지가 좋아야 합니다. 조그만 매장에 복지라고 할 만한 게 있을까요? 사실 큰 회사처럼 복지혜택을 줄 수는 없습니다. 그러나 알바생들이 가장 좋아하는 복지가 있습니다. 근무일정과 시간의 유연성입니다.

보통 알바는 1주일에 3, 4일 정도 근무라고 하면 고정된 요일과 시간에 근무를 하게 됩니다. 그러나 대부분 학생이거나 다른 일과 병행하는 경우가 많아서 변수가 많이 생깁니다. 시험기간, 방학, 갑작스런 약속 등은 알바들에게는 근무일정이나 근무시간 변경을 원합니다. 이런 부분을 유연하게 대처해 줄 수 있다면 알바들은 조금 더 지속가능하게 근무가 가능합니다. 이런 부분은 직장인들에겐 월차, 연차, 휴가를 눈치 없이 쓰는 것과 같은 거라고 생각합니다.

여러분들은 어떻게 해야 할까요? 큰 매장이면 매니저도 있고 근무자들이 많아서 서로 스케줄의 조절이 가능하지만 알바를 1, 2명 정도 쓰는 작은 매장에서 알바생의 근무일정과 시간을 고려해 줄 수 있을까요? 당연히 그렇게 하기 힘듭니다.

그렇다면 어떻게 해야 할까요? 사장님이 알바들의 편의를 봐 주고 비는 시간에는 사장님이 더욱더 일을 하는 방법입니다. 이렇게까지 사장님이 신경 써야지만 좋은 알바와 길게 일을 하실 수 있습니다. 알바는 정직원이 아니니까요.

알바도 워라밸을 원한다

렌탈을 두려워해라
(정수기, 시설집기, CCTV, 방역업체 등)

———

매장을 오픈하려고 하면 필요한 필수품들이 많습니다. 정수기, CCTV, 보안경비업체, 방역업체뿐만 아니라 시설집기(에어컨, 냉장고등)도 렌탈이 가능해졌습니다. 오픈초기에 큰 비용이 지출되지 않고, 매달 벌면서 비용을 충당할 수 있고 지속적인 관리를 해 주기에 많이들 이용하고 있는 추세입니다. 그러나 장기적으로 보면 전체비용부담이 많이 되고 렌탈 약정이 대부분 3년이라 중간에 폐업이나 매장을 정리하게 되면 위약금도 만만치 않게 발생합니다.

정수기는 렌탈을 많이 이용하는 품목이지만 필터를 직접 구입해서 교체할 수 있는 직수형 정수기가 나오고 가격이 저렴해서 부담 없이 살 수 있고, 필요 없어지면 팔기도 쉽습니다.

CCTV와 보안경비업체는 당연하다고 렌탈로 진행하는 경우가 많습니다. 특히 인터넷업체에서 패키지상품으로 인터넷 설치할 때 업체에서 많이 권하기도 합니다. 이 또한 약정이 3년이라 해지 시 부담이 큽니다. 대표적으로 CCTV는 요즘 DIY로 직접 장비를 구입해서 설치하면 쉽게 해결됩니다. 설치가 어렵다면 전기공사하는 사장님께 라인작업 등을 같이 요구하면 조금의 추가부담으로 설치가 가능합니다. 그리고 CCTV 업체에서도 장비를 구입하고 설치비만 추가하면 설치해 주는 업체도 많습니다. 카메라 4대 기준 녹화기까지 해서 구입비용이 25~30만 원정도인데 설치까지 하면 40만 원이면 가능합니다. 렌탈로 나가는 월 비용이 대략 카메라 2대 기준 3만 원 이상이라 1년 정도만 써도 렌탈 비용보다 저렴하고 매장정리할 때 중고로 판매해서 10만 원 정도는 회수 가능하기에 훨씬 이득이 됩니다. 그리고 IP카메라는 더욱 손쉽게 설치가 가능해서 도전해 볼만 합니다

요즘은 음식점 같은 경우에 방역업체 계약도 필수인 듯합니다. 위생은 가장 중요한 부분이기에 필수이지만 코로나19로 방역도 많은 부분을 차지해 버렸습니다. 이 부분도 비용이 만만치 않습니다. 정기적으로 검침과 소독을 해야 해서 월 2~3만 원의 비용이 발생합니다. 소독과 방역은 청결에서 시작되는 부분이라 청소와 위생관리를 철저히 하고 분기별로 소독업체 따로 요청하던지 아님 일반인도 자가로 할 수 있는 소득제로도 충분히 가능합니다.

요즘 매장에 필수품인 포스기 또는 무인 주문기 등이 있습니다. 초기 구입비용이 높아서 대부분 렌탈로 이용하고 있습니다. 그러나 이런 기기들은 폐업하면서 중고로 판매하는 제품도 제법 있어서 중고구입으로 대처하시면 훨씬 부담이 없을 겁니다.

품목	비용	단점	대처방법
정수기	월 3만 원 (약정 36~48개월)	약정기간이 길고 해지 환급금이 높다.	셀프케어 가능한 정수기 모델 중고구입
CCTV	월 3만 원(2대) 약정 36개월	전체비용이 높다.	중고구입 설치 IP 카메라
방역업체	월 2~3만 원	약정기간 및 비용 부담	정기적인 소독, 청소 일정
시설집기 (에어컨, 냉장고 등)	품목마다 다름	일시불로 사는 것보다 전체비용이 높다.	중고물품으로 구매
포스기, 무인주문기	월 3~10만 원	해지 시 위약금높다.	중고물품으로 구매

10

매장을 알려야 하는데

매장을 오픈했다면 이제 매장을 많은 사람들에게 홍보해서 장사가 잘
되게 해야 하는데 이게 참 막막합니다. 과연 무엇을 어떻게 해야 할까요?

지인한테 알리지 말라(개업 초기)

―――――

　여러분들이 소자본 창업을 하게 되면 제일 먼저 하는 게 무엇인가요? 대부분 가까운 가족, 지인들에게 개업소식을 알리는 거죠. 당연히 매장으로 오라는 이야기입니다. 그러나 개업과 동시에 알리는 건 추천하지 않습니다. 사실 매장을 오픈하면 처음에 당연히 장사가 잘되지도 않을 거고 지인들이 와서 좀 팔아 주고 손님이 되서 매장 홍보도 되고 좋지 않느냐고 생각하실 겁니다. 당연히 좋은 일입니다. 그러나 세 가지 문제점이 있습니다.

　첫째 여러분이 오픈한 매장은 아직 모든 일이 손에 익숙하지 않습니다. 전체적으로 처음 하는 일이라 낯설고 서툰 경우가 대부분입니다. 지인들까지 몰려서 바쁘면 제대로 된 서비스를 제공하기 힘듭니다.

　둘째 지인들이 없으면 순수한 손님만 오실 텐데 손님들의 반응과 미흡한 점을 최대한 빨리 찾아낼 수 있습니다. 지인들은 제대로 된 피드백을 해 주지 않을 수도 있습니다.

셋째 개업초기에 지인들이 오면 일반 손님들과 응대가 아무래도 다를 수 있습니다. 손님들도 개업초기임을 알고 오실 텐데 아무래도 지인들에게 더 친근하게 대하다 보면 홀대받는다고 느낄 수 있습니다.

지인들은 언젠가 올 고객입니다. 1~2주 정도는 일반 손님들을 상대하면서 아쉬운 점, 고칠 점, 그리고 숙련도를 키우시고 그 후에 지인들을 초대하는 걸 추천합니다.

블로그 홍보부터 SNS마케팅까지 혼자 다 해라

홍보는 너무나 중요한 일입니다. 그중에서 온라인 홍보는 개인 SNS부터 블로그, 노출광고까지 할 게 너무나도 많습니다. 어렵게만 생각하지 않으셔도 됩니다. 그냥 하실 수 있는 만큼만 하시면 됩니다. 그래야 비용을 지불하고 광고할 때 어떤 게 효율적인지 가늠할 수 있습니다.

우선 본인 카카오톡 메인화면 매장사진으로 바꿉니다. 이건 그리 가깝지 않은 지인들에게까지 간접 홍보가 됩니다. 그리고 네이버 플레이스에 업체등록을 통해 기본 검색이 되게 합니다.

업체등록을 상세히 해 놓으면 충분히 검색노출은 가능합니다. 그리고 신규업체는 90일간 '새로 오픈했어요'로 노출됩니다. 본인매장이 주변에 없는 메뉴구성과 콘셉트라면 더욱 노출이 되기 쉽습니다.

인스타도 당연히 진행하시면 됩니다. 팔로워 많으시면 너무나 좋겠지만 없으셔도 됩니다. 다양한 키워드를 넣으셔서 사진 많이 올려 주세요. 최대한 본인이 하실 수 있는 만큼 해 보세요.

사실 광고효과가 미비할 수도 있습니다. 그러나 이런 온라인 마케팅의 기본을 이해할 수 있는 기회가 됩니다. 혹시나 지인분들 중에 SNS나 블로그 등을 잘하시는 분 있으시면 도움을 요청하셔도 좋습니다.

〈출처: 인스타그램, 스마트플레이스, 네이버블로그, 카카오톡〉

이제 광고다(오픈 3-6개월 후부터)

매장을 오픈했습니다. 나름 개인적으로 할 수 있는 블로그나 SNS 등 다양한 매체를 통해 가게를 홍보했습니다. 지나다니는 사람들은 간판을 통해 홍보가 되었습니다. 매장에 오신 분들은 음식을 직접 먹었으니 직접홍보를 한 셈이구요. 지인들은 오픈 하고 지난 후에 왔으니 지인광고도 진행되었습니다.

이렇게 시간이 지나면 콘셉트, 맛, 구성, 가격, 인테리어 등 여러 가지 요소가 성공으로 가는지, 실패로 가는지 조금은 가늠이 되실 겁니다. 당연히 매출로 확인이 되는 부분입니다. 그렇다고 해도 아직 손에 익숙하지 않은 일들이 익숙해지는 데 2, 3개월이 지나고 나면 광고에 대해 공부하면서 알아봐야 합니다.

요즘은 단순히 노출되는 광고보단 정확한 마케팅이 포함된 광고가 더 효율적입니다. 다양한 형태의 광고매체와 매장에 적절한 마케팅을 업체를 통해 다양하게 상담도 받고 사례들을 찾아보십시오. 초기에 광고를 하면 손님들이 광고로 유입이 되었는지 오픈빨인지 가늠하기가 어렵고 분간이 되지 않습니다. 장사를 오래하신 분들은 눈치 채실 수 있긴 하겠지만요.

광고비용과 어떤 형태의 광고를 하실지 결정되시면 3-6개월 정도 지난 시점에 광고를 해 보시기를 권합니다. 그럼 광고의 효과를 명확히 판별하실 수 있으니까요. 그리고 광고로 유입된 손님의 재방문 비율도 같이 1~2개월 동안 판단할 수 있습니다.

다양한 홍보 채널

온라인 〈유튜브, SNS〉, 오프라인 〈배너, 버스 광고〉

11

코로나19가
창업에 미친 영향

2020년 코로나19가 터졌습니다. 어느 때보다 자영업자의 매출은 큰 타격을 받았고, 당분간 이런 상황은 지속될 거라 예상됩니다.

코로나19의 백신과 치료제 개발이 되어도 사람들의 소비형태가 바뀌게 된 계기가 되었습니다. 폐업은 더욱 늘어나는데 창업은 늘지 않고 있습니다. 이런 시국에 누가 창업을 하겠습니까?

그렇다고 마냥 아무것도 안 할 수는 없는 상황입니다. 코로나 19가 창업에 미친 영향을 살펴보겠습니다.

이제 배달을 고려하지 않을 수 없다

———

　요즘같이 사람들이 돌아다니지 않고 비대면을 외치는 세상에서 매장을 운영해서 돈을 벌 수 있을까요? 힘든 건 사실입니다. 그렇다고 안 할수 있다면 좋겠지만 장사도 생계를 위한 일이니까 그냥 놀 수는 없습니다. 그렇다고 모든 장사가 망하는 건 아닙니다. 코로나19로 뜨고 있는분야도 있습니다. 바로 배달음식입니다.

　이미 배달문화에 최적화되어 있었지만 코로나19로 인해 더욱 더 소비가 늘어나고 있는 형상입니다. 그러다 보니 배달음식만 전문으로 하는다양한 매장들이 늘어나고 기존에 배달을 안 하던 매장들도 배달음식에뛰어들고 있습니다. 기존의 배달메뉴라고 하면 짜장면, 치킨 정도로 국한되었던 것들이 메뉴가 다양해지고 배달앱이 보편화되고 주문과 결재가 간편해서 이용자가 폭발적으로 늘어나고 있습니다.

　이제는 업종을 선정할 때 배달에 관한 이슈는 모조건 고민하셔야 된다고 말씀드립니다. 예전에는 매장에서만 먹는 음식, 배달되는 음식이나누어져 있었다면 이제는 매장과 배달의 경계가 점점 없어지고 있으니까요.

〈출처: 배달앱 배민, 요기요, 쿠팡이츠, 배달통, BGF리테일〉

누구나 다 장사가 안 된다는 착각은 하지 마라

———

　누구나 다 힘든 세상에 살고 있습니다. 장사하시는 분들 힘들다는 이야기만 나오고 있습니다. 그렇다고 모두가 장사가 안 되서 힘들어 하는 걸까요?

　당연히 아닙니다. 장사 잘되는 곳은 여전히 잘되고 있고, 오히려 매출이 상승한 곳도 있습니다. 코로나19와 경기침체로 많은 매장들이 폐업하고 있고, 특히나 외국인관광객을 상대로 하던 매장들은 더욱이나 줄폐업을 이어 가고 있는데도 말입니다.

　모두가 잘 안 된다. 힘들다는 이야기만 하지 말고 생각하지 마십시오. 이런 어려운 시기에도 잘될 수 있게 노력하십시오. IMF 때에도 장사해서 돈 벌었다는 분들 꽤나 있습니다.

버티는 자가 살아남는다

누군가는 팔아야 하고 누군가는 소비해야 합니다. 소비심리가 위축되고 경기가 안 좋아지면 소비는 줄기 마련입니다. 그렇다고 장사는 접을 수는 없습니다. 이런 어려운 상황에서는 버티는 자가 살아남는 겁니다. 그러려면 누가 살아남을 수 있을까요?

직원이 많고 임대료가 비싸고, 기본경비가 많이 들어가는 매장 아니면 임대료가 저렴하고 투자금이 적어서 회수에 대한 고민이 적고, 기본경비가 적게 들어가는 매장, 당연히 후자입니다. 소자본창업의 강점이 바로 이겁니다. 경기가 어려울 때 버티기에 최적화된 매장이죠. 더욱이나 여러분들은 회수비율을 최대로 높인 매장을 오픈하셨으니 힘든 시기 잘 이겨 내신다면 살아남을 수 있습니다.

12

망해도 본전 뽑는
소자본창업 스킬

소자본창업의 진행사항을 살펴보셨습니다. 대박을 내는 이야기보다는 저렴하고 알차게 창업하는 이야기들을 했습니다. 이렇게 준비해서 잘 창업을 했다고 해도 망하면 모든 것을 날리게 됩니다.

　자영업자 중 80% 이상은 2년 안에 폐업한다는 통계자료도 있습니다. 여러분이 아무리 모든 준비를 잘했다고 해도 10명 중에 8명은 폐업한다는 이야기입니다. 그렇다면 2년 동안 창업비용과 자신의 인건비를 벌었다면 손해를 보지 않았다고 생각할 수도 있겠지만, 실제로 그 정도의 수익이 생겼다면 폐업을 했을까요? 당연히 그 정도의 수익이 나지 않기 때문에 폐업에 이르게 된 것이 아닐까요?

　그렇다면 망해도 내가 투자한 돈을 최대한 건질 수 있는 방법을 이야기해 보겠습니다.

바닥권리금은 어쩔 수 없지만
시설권리금는 아껴라

———

　매장을 얻을 때 때론 권리금이라는 게 존재합니다. 여기서 두 가지로 나뉩니다. 바닥권리금와 시설권리금으로 말이죠. 근데 보통 이 두 가지를 구분지어서 가격을 측정하지는 않습니다. 합쳐서 이야기 합니다. 그러나 매장을 알아볼 때 좀 더 세밀하게 들여다봐야 합니다. 장사가 잘되는 매장을 그대로 인수한다면 바닥권리금 시설권리금을 따지는 것은 의미가 없습니다. 그냥 권리금인 거죠. 그러나 이런 매장은 권리금이 상당히 높아서 소자본창업을 하기 어렵습니다.

　장사가 잘 안 되는 매장을 정리하려고 나온 매장들도 권리금이 있는 경우가 있습니다. 이럴 땐 두 가지로 구분할 필요가 있습니다.

　보통 바닥권리금이라 하면 상권이 좋아서 웃돈을 주고 인수해야 하는 경우이거나 같은 평수 상권에 비해서 월세가 저렴해서 권리금이 책정된 경우입니다. 두 가지 경우 바닥권리금은 어느 정도 인정될 수 있습니다. 바닥권리금은 현재 시점에서 판단하시면 됩니다. 예전과 비교해서 상권이 좋아지거나 나빠졌는가? 전 세입자가 들어왔을 때 비해서 월세인상률이 다른 가게들과 차이가 나는가? 등을 비교해 바닥권리금을 판단하시면 됩니다.

다음으로 시설권리금이 있습니다. 대부분 장사가 잘 안 되는 매장을 정리하면 시설권리금은 쉽게 이야기해 기존시설집기를 처분했을 때 나오는 비용정도로 생각하시면 됩니다. 우리가 기존에 있던 주방시설이나 테이블과 의자 등을 그대로 사용해서 영업을 해도 되는 경우라면 창업비용을 절약할 수 있으니까 적정한 시설권리금은 좋습니다만 새로 사야 되고 콘셉트 등에 맞지 않다면 웃돈을 주고 다시 정리해야 할 물건을 사는 꼴입니다. 그래서 이 부분은 두 가지 방법이 있습니다. 전 세입자한테 집기 등을 파시거나 정리하시고 그 금액만큼 권리금에서 제외하는 방법입니다. 또 다른 방법은 그대로 인수하고 최대한 본인한테 필요한 집기를 제외하고 나머지 집기들을 적정한 가격에 재판매하는 방법입니다.

　이렇게 권리금을 나누어 살펴보면 합리적인 권리금을 책정하고 지불하게 됩니다.

잘되고 있는 있는 매장보다
안 되는 매장을 인수해라

———

잘되는 매장은 기본적으로 권리금이 높을 확률이 많습니다. 노하우 전수 및 매출승계라는 장점도 있지만 매장을 정리할 때 지불한 권리금을 회수한다는 보장이 없습니다. 기존 매장을 그대로 인수한다고 매출도 그대로 인수된다는 법은 없으니까요.

주인의 마인드와 운영노하우까지 전수받지 못하기에 매장승계는 상당한 리스크가 있습니다.

가능한 리스크를 줄이는 가게를 하시려면 차라리 장사가 안 되는 매장을 권리금을 적게 들여 인수해서 운영해 보는 게 손해를 감소시키는 방법입니다. 혹여나 장사가 잘 안 되어서 정리하고 싶어도 권리금이 발생하면 매수가가 쉽게 나타나지 않기 때문입니다.

인테리어라 부르지 말고
셀프 리모델링을 꿈꿔라

———

앞서 인테리어를 저렴하게 하는 방법들을 말씀드렸습니다. 어디까지나 업자에게 맡기면서 저렴하게 하는 방법들을 알아봤습니다.

여기서 이야기할 내용은 한 단계 더 어려운 이야기입니다. 한마디로 본인이 인테리어를 직접 한다는 이야기입니다. 여러분들도 저도 모두가 똥손일 확률이 높습니다. 인테리어란 감각도 있어야 되고 손재주도 필요한 일입니다.

그러나 셀프 리모델링이라고 생각하면 조금 더 가볍게 접근할 수 있습니다. 본인이 감각이 없더라도 가까운 지인 분들 중에는 이런 걸 좋아하는 분들이 있기 마련입니다. 그리고 개인 SNS나 유튜브에 셀프인테리어 하는 방법까지 자세히 소개하시는 분들이 꽤 있습니다.

본인이 원하는 스타일의 가게를 찾습니다. 최대한 내가 하고자 하는 콘셉트로 말이죠. 이건 앞서 인테리어 비용 절약하는 방법입니다. 그리고 그걸 최대한 셀프로 할 수 있는 방법들을 찾습니다.

그런데 여기서 한 가지 주의할 게 있습니다. 셀프 리모델링의 핵심입니다. 프로페셔널 하지 않아도 된다는 겁니다. 그렇게 할 수 있다면 인테리어 업체를 하면 되겠죠. 당연히 그렇게 되지 않습니다. 그러나 비용

대비 효율로 계산했을 때는 충분하다는 겁니다. 사실 매장인테리어는 아이템과 아이디어 싸움입니다.

괜찮은 소품하나 전체적인 컬러 콘셉트만 잘 잡아도 효과를 볼 수 있습니다.

여러분들이 집은 샀는데 돈이 없다면 어떻게 할까요? 당연히 셀프 리모델링을 하실 겁니다. 창업도 마찬가지입니다. 가게를 얻는데 비용을 이미 썼다면 아낄 수 있는 부분은 인테리어 부분밖에 없으니까요.

셀프 리모델링 자재들

망해도 본전 뽑는 소자본창업

매장집기는 하루 지나면 다 중고로 팔 거 생각해서 중고로 사라

보통 인테리어라 하면 시설집기비용을 포함하지는 않습니다. 시설집기란 어떤 걸 이야기하는 걸까요? 간단합니다. 여러분 매장에서 손님을 위해 써야 하는 모든 물건들입니다.

개인 카페를 예로 들어 보겠습니다. 우선 커피를 만들어야 하니까 커피머신이 필요합니다. 그리고 냉장고, 정수기, 제빙기, 오븐기, 컵, 테이블, 의자 등이 필요합니다. 이런 것들을 다 시설집기라고 합니다. 이런 제품들을 새 제품으로 구매하면 기본적인 설치 및 AS 등이 보장되고 일반과세자라면 부가가치세 환급 및 종합소득세 신고 때도 매입자료로 사용되기 때문에 이득인 부분도 많습니다.

그러나 단 한 가지, 비용이 너무 많이 나간다는 겁니다. 새 제품을 구매하면 이점은 많지만 비용부담이 크고 혹시나 장사가 여의치 않아서 폐업을 해야 하는 경우라면 새로 산 집기는 중고로 처분해야 하는데 상태와 사용 시기에 따라 30~60%의 비용만 회수 가능합니다. 손해를 많이 보게 되는 부분입니다.

그렇다면 시설집기를 어떻게 중고로 구입해야 할까요?

인터넷 중고 직거래는 본인이 원하는 제품을 개개인 간 거래를 통해 구매해야 하기 때문에 비용은 훨씬 세이브 할 수 있지만 원하는 제품이 그때그때 바로바로 구매하기 힘들기도 하고, 직접거래를 통해 시간비용이 발생합니다. 그리고 중고물품이기 때문에 사용 중 고장이나 문제가 발생했을 시 AS비용이 추가로 발생할 수 있기에 연식 상태 등을 잘 확인하고 구매해야 합니다.

요즘 개인직거래 어플 및 카페가 많이 활성화돼서 필요한 물품을 구하기 쉽습니다. 중고용품전문 판매업체는 다양한 물건을 한 장소에 직접 보고 구매할 수 있고 설치와 단기간 AS(3~6개월)도 가능합니다. 그러나 직거래보다는 비용이 높은 편이고, 어떤 경우에는 새 제품대비 80%까지 가격이 형성되는 경우도 있습니다.

〈출처: 당근마켓, 중고나라, 번개장터〉

황학동 중고집기판매장

새 제품은 최대한 가성비를 따져라

　모든 물품을 중고로 구매할 수 없습니다. 당연히 새 제품도 구매해야 합니다. 여기서 주의할 점이 있습니다. 너무 콘셉트와 디자인에 부합하느라 비용이 높으면 안 된다는 겁니다.

　특히나 이런 집기들(접시, 컵, 식기류, 테이블, 의자) 등은 나중에 처분할 때 비용을 거의 회수할 수 없는 품목이기도 합니다.

　접시를 예를 들어 보겠습니다. 브랜드나 디자인이 100%가 아니더라도 비용적인 부분에 포커스를 맞추어서 진행하는 걸 추천드립니다.

플레이팅 접시 비교(24cm)

다이소몰 제품 6850원

(코스타노바) 화이트펄 24cm 파스타접시

31000원

간이과세자가 될 수 있다면(2020년 개정)

───

대부분 소자본창업자는 사업자등록을 할 때 간이과세자 신청을 할 수 있습니다. 지역구마다 상이하지만 10평 미만 100만 원 미만 월세상가에 장사를 하게 되시면 간이과세자로 사업자를 등록할 수 있습니다.

세무서에서 사업자등록증 신청할 때 꼭 확인하세요. 부가가치세 과세유형은 사업 규모에 따라 간이과세자와 일반과세자로 나누어집니다. 내년부터 간이과세자의 세법이 변경됩니다.

2021년 세법기준으로 말씀드리겠습니다.

개정안 참고로 보시고 핵심적인 내용은 이렇습니다.

1〉 간이과세자 기준 대폭 상향

간이과세 기준금액 연 매출액 4800만 원 → 8000만 원으로 인상

* 단, 부동산임대업과 과세유흥업은 현행 유지(4800만 원)됩니다.

2〉 간이과세자 중 부가가치세 납부면제자 기준 대폭 상향

간이과세자 중 부가가치세 납부면제 기준금액을 연 매출액 3000만 원 → 4800만 원으로 인상

소규모 자영업자 지원을 위한 부가가치세 간이과세 기준 대폭 상향

	현 행 ▶	개 정
간이과세 기준금액	연 매출액 4,800만원	연 매출액 8,000만원
부가가치세 납부면제	연 매출액 3,000만원	연 매출액 4,800만원
세금계산서 발급의무	X	O

〈출처: 기획재정부〉

쉽게 이야기하자면 월 매출이 평균 650만 원 미만인 가게들은 부과세에 대한 부담이 줄어듭니다. 그리고 월 400만 원 미만인 가게는 부과세를 면제받게 됩니다. 장사초기에는 부과세를 환급받을 수 있을 수도 있지만(인테리어 및 집기구입으로 세금계산서발행) 장사를 지속하다 보면 매입보다 매출이 많아지기 때문에 부가세는 내야 합니다. 그러나 간이과세자범위의 매출이라면 부가세에 대한 부담은 낮아집니다.

내년부터 간이과세자 기준이 완화되고 세금 혜택이 커졌습니다. 이 부분은 창업을 준비하는 여러분께는 좋은 소식입니다.

1) 서민·중소기업 지원

① 부가가치세 간이과세자·납부면제자 기준 대폭 상향 **(부가세법)**

※ +57만 명, △4,800억 원

□ **(현행) 연 매출액**이 4,800만 원 미만인 **소규모 사업자**의 납세 편의 제고를 위해 간이과세 제도 운영 중

  ○ 간이과세자는 **①**세금계산서 발급의무 면제, 일반 과세자에 비해 **②**세액계산이 간편(매출액×업종별 부가가치율×10%), **③**신고횟수(연 1회)가 적음

  - 연 매출액 3,000만 원 미만은 부가가치세 납부의무 면제

□ **(개정) ①**세부담 경감, **②**세원 투명성 유지, **③**과세형평 제고를 위해 간이과세 기준금액 인상 등 부가가치세 간이과세제도 개편

    * **①** 간이과세 확대를 통해 소규모 자영업자의 **세부담 경감** 및 납세편의 제고
    ② 현행 세금계산서 수수(授受) 의무를 유지하여 거래의 투명성 확보
    ③ 부가가치율 현실화 등을 통해 일반/간이과세자 간 세부담 차이는 축소

(1) 간이과세자 기준 대폭 상향

  ○ 간이과세 기준금액을 연 매출액 4,800만 원 → 8,000만 원으로 **인상**

    * 부동산임대업과 과세유흥업은 현행 유지(4,800만 원)

  - **간이과세자** 23만 명 증가(△2,800억 원, 1인당 △117만 원)

(2) 간이과세자 중 부가가치세 납부면제자 기준 대폭 상향

  ○ 간이과세자 중 부가가치세 납부면제 기준금액을 연 매출액 3,000만 원 → 4,800만 원으로 **인상**

  - **납부면제자** 34만 명 증가(△2,000억 원, 1인당 △59만 원)

(3) 세금계산서 수수 의무 유지

ㅇ 매출 투명성 확보를 위해 금번 개편에 따라 일반과세자가 **간이과세자로 전환**되더라도 재화·용역 공급시 사업자의 세금계산서 발급의무 유지

> * 연 매출액 4,800만 원 미만인 사업자(현행 제도 하의 간이과세자)는 현재와 동일하게 세금계산서 대신 영수증 발급

- 매입 투명성 확보를 위해 **재화·용역을 공급받는 경우** 세금계산서 수취 세액공제 제도 유지 및 **세금계산서** 미수취 가산세(0.5%) 신설

> * 공급자로부터 매입하고 세금계산서를 발급받은 경우 매입액의 0.5% 세액공제

(4) 간이과세자의 납부세액 산정시 적용하는 부가가치율 현실화

ㅇ 실제 부가가치율과 괴리가 큰 업종을 중심으로 간이과세자의 납부세액 산정시 적용되는 부가가치율 조정(시행령)

> * 간이과세자의 납부세액 = 매출액 × 업종별 부가가치율(5~30%) × 10%

(5) 간이과세자 관련 세액공제 제도 합리화

ㅇ **일반과세자와의** 과세형평 등을 감안하여 간이과세자 관련 세액공제 제도 개선

❶ 간이과세자에 대한 면세 농산물 의제매입세액공제 미적용

> * 간이과세자가 면세 농산물 구입 시 농산물 생산과정에 포함된 부가가치세 상당액을 농산물 매입액의 일정률(2/102~9/109)로 의제하여 세액공제

- 부가가치율 산정시 **매입 과세표준에 면세 농산물의 매입액이 포함**되어 있어 **의제매입세액공제는 이중공제**에 해당하는 점 감안

❷ 일반·간이과세자에 대해 **신용카드등 매출**에 대한 **세액공제** 통합 적용

> * (현행) 음식·숙박업 간이과세자 : 매출액의 2%, 일반과세자 : 매출액의 1% 세액공제
> (개정) 매출액 1% 세액공제로 단일화

❸ **간이과세자**에 대한 세금계산서 수취 세액공제액 산정방식 변경

> * (현행) 매입액 × 업종별 부가가치율(5~30%) × 10% → (개정) 매입액 × 0.5%

<출처: 기획재정부>

창업의 기준은 성공이 아니라 행복이다.

무수히 많은 창업기관과 소상공인 지원기관, 창업전문가들이 창업에 대해 알려 주고 컨설팅을 하고 있습니다. 장사의 전문가들도 다양한 형태로 장사의 노하우와 성공 비법들을 내 놓고 있습니다. 그런데 왜 우리는 여전히 실패를 많이 하고 창업을 어려워하는 사람들이 많아지고 있는 것일까요? 단순히 경기가 어렵고 경쟁이 치열하고 자영업자 포화시대라서 그런 것일까요? 취업준비생부터 은퇴하신 분들까지 창업에 여전히 관심은 많지만 누구하나 창업에 대해 현실을 이야기하고 고민하는 이들과 기관은 적은 것이 아닐까요? 창업의 현실을 이야기하고 현실적인 목표와 이상을 추구하는 창업을 꿈꿔야 합니다. 지원 기관들도 창업을 장려하고 지원을 아끼지 않지만 어쩌면 도전과 성공에만 포커스를 맞춘 것이 아닐까요?

자기가 하고 싶은 것을 하면서 돈을 벌고 삶의 만족도를 높이는 것에 창업이 앞장서야 합니다. 현실적인 수입을 인지하고 앞으로 나아가는 방법을 연구해야 합니다. 그곳에서 행복을 찾는 방법을 고민하고 그들에게 이런 이야기를 들려주는 창업지원가가 되겠습니다.

박 형 진

망해도 본전 뽑는
소자본창업

ⓒ 박형진, 2020

초판 1쇄 발행 2020년 12월 30일

지은이   박형진
펴낸이   이기봉
편집   좋은땅 편집팀
펴낸곳   도서출판 좋은땅
주소   서울 마포구 성지길 25 보광빌딩 2층
전화   02)374-8616~7
팩스   02)374-8614
이메일   gworldbook@naver.com
홈페이지   www.g-world.co.kr

ISBN   979-11-6649-170-2 (03320)

한국사회적기업진흥원
Korea Social Enterprise Promotion Agency
사회적기업가 육성사업

• 본 도서는 사회적기업가 육성사업의 지원을 받아 제작되었습니다.
• 가격은 뒤표지에 있습니다.

이 도서의 국립중앙도서관 출판예정도서목록(CIP)은 서지정보유통지원시스템 홈페이지(http://seoji.nl.go.kr)와 국가
자료공동목록시스템(http://www.nl.go.kr/kolisnet)에서 이용하실 수 있습니다. (CIP제어번호: CIP2020054206)